INHALT

> SZENE

S. 12–15: Trends, Entdeckungen, Hotspots! Was wann wo in der Türkei los ist, verrät der MARCO POLO Szeneautor vor Ort

> 24 STUNDEN

S. 92/93: Action pur und einmalige Erlebnisse! MARCO POLO hat für Sie einen außergewöhnlichen Tag in İstanbul zusammengestellt

> LOW BUDGET

Viel erleben für wenig Geld! Wo Sie zu kleinen Preisen etwas Besonderes genießen und tolle Schnäppchen machen können:

Wer länger bleibt, bekommt einen Haman-Besuch gratis: S. 38 | Auf einem Boot in der Bucht von Fethiye S. 53 | Ballonfahren in Kappadokien S. 66 | Günstige Silberarmreifen zum kleinen Preis S. 74 | Regionale Spezialitäten zum Sattessen: S. 84

> GUT ZU WISSEN

Was war wann? S. 10 | Spezialitäten S. 26 | Platz an der Sonne S. 34 | Bücher & Filme S. 43 | Blogs & Podcasts S. 104 |

AUF DEM TITEL
Bodrum: Baden, Feiern und Diskutieren S. 31
Der Himmel von Kappadokien S. 64

ENTDECKEN SIE DIE TÜRKEI!

Unsere Top 15 führen Sie an die traumhaftesten Orte und zu den spannendsten Sehenswürdigkeiten

Die Highlights sind in der Karte auf dem hinteren Umschlag eingetragen

1 „Blaue Reise“
Auf einem Holzschiff von Bucht zu Bucht – angenehmer lässt sich die Mittelmeerküste nicht erleben (Seite 34)

2 Troja
Archäologen graben hier seit über hundert Jahren nach der legendären Stadt, doch die spektakulärsten Funde wurden längst außer Landes gebracht (Seite 39)

3 Hagia Sophia
Die Kirche der „heiligen Weisheit“ ist das berühmteste Bauwerk İstanbuls (Seite 40)

4 Topkapi-Palast
Der einstige Sultanspalast in İstanbul ist heute ein sehr reiches Museum (Seite 40)

5 Ephesos
Krönung einer Türkeireise: ein Besuch der prächtigen Ruinenstadt Ephesos (Seite 44)

6 Pamukkale
Die „Baumwollburg“ aus weißen Kalksteinterrassen, über die heiße Quellen plätschern, ist ein bezauberndes Naturphänomen der Türkei (Seite 46)

7 Ölüdeniz
Ein Stück Paradies: die geschützte Bucht von Ölüdeniz (Seite 55)

8 Patara
Der längste Sandstrand des östlichen Mittelmeers ist so groß, dass man vom Meer aus in die Wüste zu blicken meint (Seite 56)

> DIE BESTEN MARCO POLO HIGHLIGHTS

9 Dalyan
Antike Felsengräber und ursprüngliche Badeküste am Mündungsdelta des Dalyan-Flusses (Seite 58)

10 Museum für Anatolische Zivilisationen
Das Museum in Ankara birgt eine wertvolle Sammlung hethitischer und anatolischer Altertümer (Seite 62)

11 Kappadokien
Eine Landschaft aus wundersam geformten Tuffsteinhügeln mit unterirdischen Kirchen und Höhlendörfern (Seite 64)

12 Konya
Die tanzenden Derwische sind das bekannteste Markenzeichen des mystischen Mevlana-Ordens (Seite 67)

13 Berg Nemrut
Riesige Götterhäupter, aus Stein gehauen, schmücken das Hochplateau des Nemrut-Berges – auf seinen Höhen wartet ein Weltkulturerbe und eine Begegnung jenseits der Zeit (Seite 75)

14 Ishak-Pascha-Palast
Kurz vor der iranischen Grenze erhebt sich in einer wild zerklüfteten Landschaft eines der märchenhaftesten Schlösser Asiens mit 366 (!) Räumen (Seite 77)

15 Sumela-Kloster
Mit seiner Gründung ist eine Sage verbunden: Wenn man glaubt, kein Pfad führe mehr weiter, sieht man wie an den Berg geklebt das Sumela-Kloster (Seite 84)

WAS
FÜR
EIN
LAND!
LEDER
CENTER

AUFTAKT

Nicht umsonst nennt man die Türkei auch „Kleinasien“ oder „Brücke zwischen Europa und Asien“. Das Land ist ein geschichtliches und geografisches Abbild Europas und Asiens auf komprimiertem Raum. Hier findet sich einfach alles: lange Sonnenstrände im Süden und eine Gebirgskette, die das Land von West nach Ost durchzieht. Eine asiatische Steppe auf der anatolischen Hochebene und mitteleuropäische Wälder am Schwarzen Meer. Die Westküste gleicht einem antiken Freilichtmuseum. Und im heutigen Südosten der Türkei liegt die Wiege der menschlichen Ackerbauzivilisation. Das Geheimnis der Türkei? Ihre Vielfalt!

> Tulpen stammen nicht aus Holland, sondern aus der Türkei. Der Garten Eden soll in Südostanatolien gelegen haben. Eine der ältesten bekannten menschlichen Siedlungen liegt im zentralanatolischen Çatal Hüyük. Sie datiert aus dem 7. Jahrtausend v. Chr. und ist damit so alt wie Jericho. Es waren die frühzeitlichen Bewohner Anatoliens, die sich vermutlich als Erste vor fast 4000 Jahren der Schrift bedienten. Hätten Sie's gewusst?

Kommen Sie in die Türkei und lassen Sie sich überraschen! In kaum einem anderen europäischen Urlaubsland können Besucher eine solche Fülle von Kontrasten erleben: landschaftlich, gesellschaftlich, historisch, politisch. Geografisch liegt die Türkei zwischen Orient und Okzident – der Bosporus bildet die Grenze.

Ein Querschnitt entlang der West-Ost-Achse führt von den Getreidefeldern Thrakiens auf der europäischen Seite über die romantischen Buchten der Ägäisküste vorbei an den schneebedeckten Bergmassiven der anatolischen Hochlagen durch fruchtbare Täler bis zu den vulkanischen Alpen Kurdistans an der östlichen Grenze. Von Nord nach Süd geht es von den waldreichen Berghängen des pontischen Taurus am Schwarzen Meer über die gewaltige anatolische Steppe und die Mondlandschaft Kappadokiens zur Gebirgsscheide des Taurus, bevor man die Strände der südlichen Mittelmeerküste erreicht.

Anatolien wurde jahrtausendelang von den zwischen Ost und West hin- und herziehenden Völkern, Heer-

> *Einsame Buchten, sauberes Wasser*

scharen und Religionen geprägt – auf ihrem Weg durch die Türkei werden Sie oft die gleichen Routen benutzen wie die Kreuzritter oder die Karawa-

Noch eine kleine Pause, bevor der Ort besichtigt wird

nen auf der Seidenstraße. Hethiter, Griechen, Römer, Byzantiner, Seldschuken, Mongolen, Kreuzritter und Osmanen hinterließen in Anatolien ihre bis heute sichtbaren Spuren.

Die Türkei hat jedem etwas zu bieten: dem Strandurlauber 1500 km Ägäis- und Mittelmeerküste mit – immer noch – vielen einsamen Buchten und dem saubersten Wasser Südeuropas. Naturfreunde finden eine artenreiche Flora und Fauna vor. In Naturparks haben so seltene Tiere wie der anatolische Gepard oder das Wildpferd überlebt. An einigen Mittelmeerstränden brüten die letzten Exemplare der Meeresschildkröte Caretta caretta. Auch Sportfreunden steht eine große Auswahl offen. Für Wanderer gibt es Mittel- und Hochgebirge, für Wintersportler eine wachsende Zahl erschlossener Skigebiete und für Taucher schillernde Reviere vor der Mittelmeerküste. Urlauber mit gehobenen Ansprüchen können sich in 5-Sterne-Anlagen zurückziehen. Selbst beim Golf ist die türkische Riviera mittlerweile dabei, etablierten Adressen wie der portugiesischen Algarve den Rang abzulaufen. Individualreisende finden in der Weite des anatolischen Hochlands und in der abgeschiedenen Bergwelt des Ostens Dörfer, in die sich nur selten ein Fremder verirrt.

> Das größte Freilichtmuseum der Welt

Den Geschichtsinteressierten öffnet sich in der Türkei das größte Freilichtmuseum der Welt. Nicht einmal in Griechenland selbst können mehr Zeugnisse der griechischen Antike bewundert werden als in Kleinasien. Hinzu kommen die Kirchen, Paläste und Burgen der byzantinischen Kaiser (4.–15. Jh.) und die prachtvollen Hinterlassenschaften aus islamisch-osmanischer Zeit (16.–19. Jh.), etwa die großartigen Moscheen des Hofarchitekten Sinan in İstanbul und Edirne oder die Medresen, die Religionsschulen, von Konya.

Außer Israel gibt es kein Land, das so viele Reiseziele für christliche Pilger und theologisch Interessierte bietet wie die Türkei. In Antakya (Antiochia) an der syrischen Grenze sollen sich die Anhänger Jesu den Namen „Christen" gegeben und Paulus seine Mission begonnen haben. Maria und der Apostel Johannes sollen in Ephesos gestorben sein – daran erinnern zwei byzantinische Kirchen. In den Tuffsteinhöhlen Kappadokiens hielten sich die frühen Christengemein-

WAS WAR WANN?

Geschichtstabelle

Um 7000 v. Chr. Erste Siedler in Kleinasien

2000 v. Chr. Reichsgründung der Hethiter in Anatolien

Ab 700 v. Chr. Kolonisation der Westküste durch Griechen

133 v. Chr. Beginn der römischen Herrschaft in Kleinasien

395 n. Chr. Das Imperium zerfällt in Oströmisches und Weströmisches Reich

1453 Eroberung Konstantinopels durch Mehmet I., Umbenennung in İstanbul, nun Hauptstadt des Osmanischen Reiches

1453–1683 Größte Ausdehnung des Osmanischen Reiches. Zeit kultureller Blüte

1683–1923 Niedergang des Osmanischen Reiches

1876 Erste Verfassung

1914–1918 Erster Weltkrieg; Teilnahme der Osmanen an deutscher Seite

1919 Unabhängigkeitskrieg unter Mustafa Kemal Pascha gegen die von den Alliierten beschlossene Aufteilung der Türkei

1922–1938 Kemalistische Kulturrevolution

29. Oktober 1923 Gründung der Türkischen Republik; Hauptstadt ist Ankara

1952 Nato-Beitritt

1960/1971/1980 Militärputsche

1974 Türkische Invasion in Nordzypern

1999 Schweres Erdbeben Westtürkei

2002 Die moderat islamistische „Ak Parti" kommt allein an die Macht

2003 Reformen in Wirtschaft und Politik

2005 Beginn Beitrittsverhandlungen mit der EU; Ziel ist eine Vollmitgliedschaft

den vor der Verfolgung durch die Römer versteckt.

Die beste Jahreszeit für einen Türkei-Besuch ist die Badesaison von April bis Ende Oktober. Die Sommer sind am Mittelmeer heiß, im anatolischen Hochland und in der Osttürkei kommt zur Hitze die Trockenheit hinzu. Die Winter wiederum sind dort schneereich und bitterkalt. Im Winter, der sich bis in den April hinziehen kann, fällt auch in İstanbul regelmäßig Schnee. Am Schwarzen Meer wird das Wetter zu jeder Jahreszeit von einem regenreichen, feuchtwarmen Klima bestimmt.

70 Mio. Türken sind stolz darauf, Selbstversorger zu sein. Was Sie auf den Wochenmärkten sehen, stammt fast alles aus dem eigenen Land. Trotzdem gehören die Bauern zu den Ärmsten der Gesellschaft. Drei Viertel von ihnen besitzen kein eigenes Land und müssen für Großgrundbesitzer schuften. Die industrielle Produktion hat in den vergangenen Jahren einen großen Sprung nach vorne gemacht. Ob Elektronik, Haushaltstechnik, Computer, Autos (Lizenzen aus Japan und Deutschland) oder feine Herrenmode – das Siegel made in Turkey wird in der Welt nicht mehr belächelt.

Zwar liegen nur drei Prozent des 814000 km² großen Landes in Europa, die Türken verstehen sich dennoch als Europäer. Entscheidenden Anteil an dieser Haltung hat der Republikgründer Mustafa Kemal „Atatürk" (Stammvater der Türken). Er wollte mit der orientalischen Vergangenheit des Landes brechen und den Anschluss an die europäischen Nationen schaffen. Er führte das lateinische Alphabet und europäisches Recht ein und verbannte die Religion aus dem öffentlichen Leben.

> Ein Land der Gegensätze

Doch heute, fast 70 Jahre nach dem Tod Atatürks, ist die Türkei immer noch ein zweigeteiltes Land. Auf der einen Seite die modernen Metropolen İstanbul, Ankara, İzmir und die westlichen Urlauberorte entlang der Sonnenküste. Auf der anderen Seite das völlig vernachlässigte, arme Ostanatolien, wo die Säuglingssterblichkeit doppelt so hoch ist wie im Landesdurchschnitt. Dort gelten archaische Traditionen wie das kompromisslose Verständnis von Ehre, vor allem in den kurdischen Clans, weiter fort. Seit Ende der 1990er-Jahre hat die junge Generation der Türken ihre eigene Dynamik entwickelt und sorgt dafür, dass ihr Land den Anschluss an Europa behält. In İstanbul können Sie so leben wie in Frankfurt oder Rom, können Cappuccino statt türkischen Mokka trinken, und in den Pubs der Großstädte trifft sich eine kosmopolitische urbane Mittelschicht, gut ausgebildet und mit guten Fremdsprachenkenntnissen. Sie ist die Hauptträgerin der Reformen, die der Türkei den Weg zur EU geebnet haben.

Machen Sie sich darauf gefasst, dass Ihnen unterwegs so manches lang gehegtes Vorurteil über die Türkei abhanden kommt. Lassen Sie sich einfach überraschen. Entdecken Sie die Türkei!

Zeugnis vergangener Kulturen: seldschukische Brücke bei Aspendos

TREND GUIDE TÜRKEI

Die heißesten Entdeckungen und Hotspots! Unser Szene-Scout zeigt Ihnen, was angesagt ist

Özlem Ahmetoglu
lebt und arbeitet in München als Journalistin und betreibt einen eigenen Reise-Blog, für den sie ständig auf der Suche nach Styles und Trends aus aller Welt ist. Die studierte Amerikanistin hat türkisch-griechische Wurzeln und verbringt mehrere Monate im Jahr in der Türkei.
www.travelinstyle.de

HOTEL-HOTNESS

Wettrennen der Designhotels

Design-Fans werden in der Türkei fündig, denn die schicken Häuser überbieten sich neuerdings gegenseitig! An der Türkischen Riviera ist Futurismus angesagt. Mit dem *Hillside Su (Konyaaltı, Antalya, www.hillside.com.tr)* begann die Zukunft in Weiß: Zimmer und Möbel aus einem Estrich-Guss katapultierten es in den Designhotel-Olymp. *Adam & Eve (Iskele Mevkii, Belek-Antalya, www.adamevehotels.com)* setzte einen drauf mit neuen Dimensionen: 100 m lang der Pool, 88 m die Bar – damit die längste der Welt –, schließlich die Lounge mit über 10 000 m² Spiegelmosaik. An der Westküste präsentiert sich das minimalistisch-edle, in Weiß gehaltene *Ev* in Bodrum *(www.evturkbuku.com)*, das filmreif in den Hügeln über der Türkbükü-Bucht liegt. In Istanbul haben mit dem *Lush Hip Hotel (Sıraselviler Cad. 12, www.lushhiphotel.com)*, dem *Bentley (Halaskargazi Cad. 75, www.bentley-hotel.com)* und dem *Sumahan On The Water (Kuleli Cad. 51, www.sumahan.com,* Foto*)* innerhalb kurzer Zeit drei neue Designhotels eröffnet.

SZENE

BUTIK OTELLER

Von Baumhäusern und kleinen Hotels

Jedem Trend ein Gegentrend! Manche mögen's glamourös, andere lieber cheap and charming. Seit Neuestem eröffnen in der ganzen Türkei immer mehr Boutique-Hotels, kleine individuelle Häuser, z. B. das *Kum Motel* in Çeşme *(Çiftlikköy, www.kummotel.com)*, das *Ece Resort* auf der Bodrum-Halbinsel *(Hürriyet Caddesi No:64, Göltürkbükü, www.eceresort.com)* oder das *Hünnap Han Butik Otel (Adatepe Köyü Küçükkuyu, Çanakkale, www.hunnaphan.com)*. Rund um Olympos liegt das Zentrum der Baumhaushotels. *Kadir's Tree Houses (Olympos, www.kadirstreehouses.com)*, die *Orange Pension (Yazýr Köyü Kumluca, Olympos, www.olymposorangepension.com)* und die *Turkmen Pension (Olympos, www.olymposturkmentreehouses.com)* sind Kult bei Backpackern. Nicht zuletzt wegen der konkurrenzlos günstigen Preise: Die Übernachtung im Dorm gibt's ab 8 Euro.

TURKISH POP

Moderne Musik aus Kleinasien

Spätestens seit Fatih Akins erfolgreichem Film *Crossing the Bridge – The Sound of Istanbul (www.crossingthebridge.de,* Foto*)* weiß jedermann, dass die Türkei eine aktive Musikszene hat. In ist, was türkisch klingt und auf Rock oder Pop hört. Stimmgewaltige und häufige Top-10-Vertreter sind etwa Nazan Öncel *(www.nazanoncel.net)*, Ebru Gündeş *(www.ebrugundes.com.tr)*, Rober Hatemo *(www.roberhatemo.net)* und *Baba Zula (www.babazula.com)*, die sogar ein neues Genre kreiert haben: Oriental Dub. Das größte Plattenlabel ist *Doublemoon* – Die Sänger, Musiker und DJs, die dort unter Vertrag stehen, haben den Sprung in die nationale Hotlist der Szene geschafft *(www.doublemoon.com.tr)*. In allen Städten gibt es Dutzende Live-Clubs. Istanbuls erste Adresse ist der Club *Babylon (Seyhbender Cad. 3, www.babylon.com.tr)*.

GOING TO GÖLTÜRKBÜKÜ

Jet-Set-Enklave auf der Bodrum-Halbinsel

Uma Thurman, Michael Douglas, Paris Hilton und Tom Hanks wurden schon in Göltürkbükü gesichtet, dem neuen Place to be auf der Bodrum-Halbinsel. Gäste sollten sich nicht warm, sondern vor allem glamourös anziehen, denn die türkische und internationale Schickeria zeigt die besten Stylings, die die Beach-Garderobe hergibt! Gewohnt wird im schicken *Maki Hotel (Kelesharimi Mevkii, Mimoza Sokak No:10, www.makihotel.com.tr,* Foto*)*, man lässt sich im *Bianca Beach Club* sehen *(Gölköy Yalı Mevkii Bodrum, www.biancabeach.com)* und speist im Fischlokal *Mey Balık Lokantası (Atatürk Cad. Yalı Mevkii No:61, Tel. 0252 377 51 18)*. Weitere angesagte Adressen gibt es unter *www.golturkbuku.com*.

LITERATUR ARABESQUE

Intellektuelle Szene trifft sich in Tünel

Istanbul feiert seinen Sohn, den ersten türkischen Literatur-Nobelpreisträger Orhan Pamuk. Diese Ehrung wird auch anderen türkischen Autoren und Künstlern den Weg in die internationale Szene ebnen. Die junge Preisträgerin der *Mewlana Gesellschaft*, Elif Şafak, überzeugt derzeit die türkische Leserschaft mit osmanischer Geschichte und islamischer Mystik. Sprachlich versiert und vielseitig setzt sie ihren Siegeszug nun auch in der westlichen Welt fort – von Europa bis in die USA. Junge Literaten und Intellektuelle treffen sich in Istanbul rund um den Tünel-Platz im gleichnamigen In-Stadtteil, ein guter Ausgangspunkt ist das *Kaffeehaus (Tünel Meydanı, No:4, www.kaffeehaus-istanbul.com,* Foto*)*.

TURKISH DELIGHTS

Alte Traditionen wieder im Zeitgeist

Das Fashion-Label *Hanimefendi* (Foto) interpretiert die Mode des 14. bis 19. Jhs. neu: Die reich verzierten Slipper und bestickten Taschen der osmanischen Herrscher werden in traditioneller Handarbeit für moderne Fashionistas gefertig, bestellbar sind die trendy Teile unter *www.hanimefendi.net*. Ein paar Slipper vom Markt kosten weniger und sind ebenfalls en Vogue! Eine weitere, sehr süße Tradition boomt: Die Patisserien am Bosporus offerieren Kunstvolles nach alter Herstellungsart wie etwa Baklava und Lokum. Am besten bei *Haci Bekir (Istiklâl Cad. No:83/6, www.hacibekir.com.tr)* oder einem Muhallebici – diese Restaurants servieren ausschließlich Süßes, z. B. Saray Muhallebicisi *(Istiklâl Cad. No:173, www.saraymuhallebicisi.com)*.

SO HIGH THE SOCIETY

Über den Dächern von Istanbul

In Istanbul spielt sich vor allem abends das Leben der Szene hoch über den Dächern der Stadt ab. Trend-Locations sind etwa das *360° (Istiklâl Cad. 32/309, Tel. 0212 2511042, www.360istanbul.com)*, die beiden *Leb-i-derya*-Restaurants *(Istiklâl Cad No:445 und Kumbaracı yokuşu 115/7, Tünel, www.lebiderya.com)* und das *Ela* in Cihangir *(Hotel Zürich Villa, Akarsu Cad.)*. Das Restaurant *Müzedechana (Sakıp Sabancı Cad. No:22)* ist auf dem Dach des *Sakıp Sabancı Museums*, das zweite Restaurant der Betreiber, das *Changa (Sıralselviler Cad. 47, Taksim*, Foto*)*, sorgt mit seinem furiosen Design für Aufsehen. Im Boden ist eine große Glasscheibe – Gäste haben gleich zwei tolle Ausblicke: direkt in die Küche oder auf Istanbuls Lichtermeer *(www.changa-istanbul.com)*. Lässiger als in den Schickeria-Treffs geht's im stylishen *5.Kat* – dem 5. Stockwerk – zu *(Soğancı Sokak No:7, www.5kat.com)*.

BIKKINI ISLAND & CO.

Im Trend: Beach Clubs = Plaj Kulüp

Beach Clubs boomen, vor allem dort, wo es kaum Sandstrände gibt. Sehen und gesehen werden, Smoothies schlürfen, sich zu DJ-Sounds auf weißen Liegen räkeln und nicht zu vergessen: schwimmen sind angesagt. Das Publikum ist hip und jung, Eintritte zwischen 10 und 30 Euro sind die Regel. In Istanbul sprießen die Badeclubs nur so aus dem Boden, zum Beispiel am Caddebostan Plaj *(Caddebostan Plaj Yolu. No:21/A, Kadıköy/Erenköy, Istanbul)* oder in Çubuklu, wo *Bikkini Island* wartet *(Paşabahçe Yolu, www.bikkini island.com)*. Der *Solar Beach (Kilyos Turban Yolu No:4, www.solar-beach.com)* am Schwarzen Meer bei Istanbul ist ein perfekter City-Break. Auch an den anderen Küsten ist Beach-Clubbing in: In Antalya relaxt die Szene im *Beach Park (Dumlupinar Bulvari Konyaalti Koruluğu yani Antalya, www.beachpark.com.tr)*, in Fethiye im *Hillside Beach Club (Kalemya Koyu Fethiye Muğla, www.hillside.com.tr)*, auf der Bodrum-Halbinsel im *Bianca Beach Club (Gölköy Yalı Mevkii Bodrum, www.biancabeach.com)* oder im *Beach Club* des *Maki Hotels (Kelesharimi Mevkii, Mimoza Sokak No:10, www.makihotel.com.tr*, Foto*)*.

> VON ATATÜRK BIS UMWELTSCHUTZ

Die türkische Gesellschaft verändert sich mit großer Geschwindigkeit

ATATÜRK

Verehrt wird Staatsgründer Mustafa Kemal Atatürk, weil er das Land vor der Aufteilung bewahrt und ihm mit Gründung der Republik eine neue Perspektive gegeben hat. Nach dem Willen der Sieger des Ersten Weltkriegs, in dem der Sultan auf der Seite der Deutschen gestanden hatte, sollten Italien, Frankreich, Großbritannien, Griechenland und Armenien die Türkei unter sich aufteilen. Den Türken sollte nur ein kleiner Teil des anatolischen Kernlandes bleiben. Eine Gruppe junger türkischer Offiziere unter Führung von Mustafa Kemal organisierte von der Schwarzmeerküste aus den Widerstand gegen das Sultanat und die Aufteilung ihres Landes. Was wie ein Guerillakrieg begann, wuchs zu einer nationalen Widerstandsbewegung. Das Ziel: die Gründung eines Staates „Türkei".

Bild: Ankara, Atatürk-Mausoleum

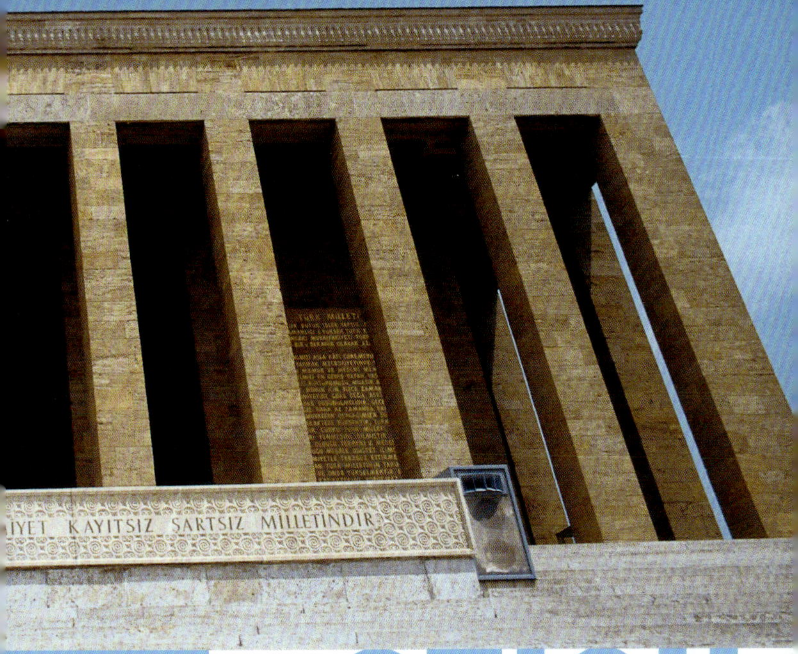

STICH WORTE

Nachdem die staatliche Souveränität wiedergewonnen und am 29. Oktober 1923 feierlich die Türkische Republik gegründet worden war, begann Mustafa Kemal als Präsident (er erhielt 1934 den Nachnamen Atatürk, „Ahne“) mit dem zweiten Teil seiner ehrgeizigen Revolution: der radikalen Umgestaltung des Landes im Innern. 1922 wurde das Sultanat, 1924 das Amt des Kalifen abgeschafft. Damit war gleichzeitig die Dynastie der Osmanen beendet, die bis dahin beide Ämter innehatten. Dann löste er die islamischen Orden auf, verbot Koranschulen und das Tragen eines Schleiers in öffentlichen Gebäuden und verschaffte den Frauen Gleichberechtigung. 1930 erhielten sie das allgemeine Wahlrecht, früher als in manchen westeuropäischen Ländern. Atatürk führte das Schweizer Zivilrecht ein, das Strafrecht ließ er aus Italien importieren.

Eine besondere Zäsur bedeutete die Ablösung der arabischen Schrift durch das lateinische Alphabet.

Atatürk starb 1938 im İstanbuler Dolmabahçe-Palast an Leberzirrhose. Sein Mausoleum befindet sich in Ankara (Anıtkabir).

ERDBEBEN

Die Türkei ist ein Erdbebengebiet. Vor allem der Norden gehört zu den am stärksten erdbebengefährdeten Regionen der Welt. Der „Nordanatolische Graben" zieht sich vom Osten bei Erzurum bis zum Golf von Saros an der griechischen Grenze hin. Zu der größten Katastrophe seit 100 Jahren kam es im August und November 1999 in der Westtürkei. Damals starben mehr als 18000 Menschen. Die schweren Beben machten die Gefahr besonders für die Millionenmetropole İstanbul deutlich. Die letzten großen Beben waren weniger als 100 km von der Stadt entfernt.

FLORA & FAUNA

Die Tier- und Pflanzenwelt in der Türkei ist so vielfältig und kontrastreich wie die Regionen des Landes. Fast alles, was in Mitteleuropa und auf dem Balkan kreucht und fleucht, findet sich auch in der Türkei. In abgelegenen Gegenden siedeln noch vereinzelt Wölfe, Schakale und Bären. In der Südtürkei stolpert man fast über Landschildkröten und diverse Eidechsenarten. Der letzte türkische Leopard soll 1979 von einem Bauern erlegt worden sein.

Schätzungen zufolge gibt es mehr als 20 verschiedene Schlangenarten im Land. Ungewöhnlich beeindruckend ist auch die Artenfülle der Vogelwelt, die in den Seengebieten zu beobachten ist. Kormorane, Pelikane, Reiher und Störche, speziell Weißstörche, sind allerdings nur Sommergäste. Im Herbst ziehen sie in schönen Formationen weiter gen Süden.

Selbstbewusst: rauchende Frauen beim Zigeunerfest Kakava in Edirne

FRAUEN

In der Türkei sind Frauen gesetzlich gleichgestellt. Das Frauenwahlrecht gibt es seit 1930, und an den Schulen gilt seit 1925 die Koedukation. Die Teilnahme und -habe von Frauen gehört in der Türkei zur gesellschaftlichen Normalität: An den Hochschulen beträgt der Frauenanteil z.B. fast 50 Prozent. Dennoch kämpfen türkische Frauenrechtlerinnen für mehr Rechte, z.B. für Frauenquoten im Parlament. Dem stehen konservative islamische Parteien und Organisationen ablehnend gegenüber. Die Zahl der sogenannten „Ehrenmorde" ist vor allem im kurdischen Milieu stark angewachsen. Die schnelle soziale Veränderung erreicht noch nicht die konservative ländliche Umgebung; Frauen werden auf dem Land oft noch von ihren Männern unterdrückt.

HAMAM (TÜRKISCHES BAD)

Plätscherndes, warmes Wasser in Marmorbecken, heißer Dampf unter hohen Gewölben: Der Hamam ist ein Muss für Türkeitouristen. Frauen- und Männerabteilungen sind normalerweise voneinander getrennt. Aber in touristischen Bädern kann gemischt gebadet werden.

KURDEN

Die Kurden (heute ca. 8 Prozent der türkischen Bevölkerung) lebten einst in den südöstlichen Provinzen, doch viele sind in den vergangenen Jahrzehnten auf der Suche nach Arbeit in die westlichen Großstädte gezogen. Allein in İstanbul gibt es heute mindestens 3 Mio. Menschen kurdischer Abstammung. Die Kurden werden nicht – wie die Armenier oder die Griechen – als offizielle Minderheit anerkannt. Sie waren lange dem Assimilierungsdruck ausgesetzt. Heute geht der Staat mit ihnen als kulturelle Minderheit gelassener um. Wer zu weit geht und eine kurdische Autonomie fordert, muss jedoch eine Anklage wegen Separatismus fürchten und mit einer Haftstrafe rechnen.

MUSIK

Ob Shakira, Tarkan, türkische „Kunstmusik" oder Sufi-Klänge: Musik wird Sie in der Türkei auf Schritt und Tritt begleiten. Auch wenn überwiegend Popmusik gespielt wird, bietet die türkische Musik eine große regionale und tonale Vielfalt. Die „Kunstmusik" *(Türk Sanat Müziği)* mit byzantinischen und arabischen Einflüssen klingt getragen und erfordert von den Sängerinnen und Sängern eine große Stimmdisziplin. Die einfache Volksmusik Anatoliens und des Schwarzmeers klingt dagegen quirlig und kommt ohne Orchester aus. Ein paar Fideln, Trommeln und eine *saz* (Saiteninstrument) genügen. Sie können in guten Musikgeschäften (z.B. der D&R-Kette) relativ preiswert CDs und Kassetten erwerben.

OSMANISCHES REICH

Vom Reichsgründer Osman (Regierungszeit 1288–1323/4) leitet sich der Name der bis 1922 herrschenden Dynastie ab. 37 Sultane regierten das Reich, manche waren nur wenige Monate an der Macht, bevor sie Opfer einer Intrige oder eines Brudermordes wurden. Nach der Eroberung Konstantinopels durch Mehmet I. herrschten die Sultane jahrhundertelang vom Balkan bis Algerien. Im 19. Jh. begann der unaufhaltsame Niedergang, der im Ersten Weltkrieg und in der Gründung der modernen Republik endete: Nachdem die junge Republik erst alle Erinnerungen an das alte Reich zu tilgen versuchte, erlebt das Osmanische ein Revival in Kultur und Kunst. Die osmanischen Elemente werden in die heutige türkische Kultur eingewoben und gelten nicht mehr als verwerflich.

POLITISCHES SYSTEM

Die Türkei möchte ein parlamentarischer Rechtsstaat westlichen Zuschnitts sein – der einzige in der muslimischen Welt. Die Abgeordneten der Großen Türkischen Nationalversammlung in Ankara und die Bürgermeister kreisfreier Gemeinden und Städte werden alle fünf Jahre in geheimer und freier Wahl von den Wahlberechtigten über 18 Jahre gewählt. Mehrere „Reformpakete", die die Meinungsfreiheit ausweiteten und die Macht der Armee in der Politik einschränkten, wurden seit 2001 beschlossen.

Eine bessere Umsetzung der Reformen, so hoffen die Türken, wird ihren Beitritt zur Europäischen Union erleichtern.

RELIGION

„Gott ist groß. Es gibt keinen Gott außer Gott, und Mohammed ist sein Prophet." So rufen die Muezzine fünfmal am Tag in der Türkei von den Minaretten in Arabisch. Die Gläubigen finden sich in der Moschee zusammen, vor allem freitagmittags, denn die Teilnahme am Freitagsgebet gilt als Pflicht für Männer. Offiziell sind 99 Prozent der türkischen Bevölkerung Muslime, der überwiegende Teil gehört der sunnitischen Richtung an. Das heilige Buch, der Koran, enthält in Versform die Offenbarungen des Propheten Mohammed. Nur im arabischen Original gilt er als Koran. Für die Schüler der privaten Koranschulen gilt es als besondere Anstrengung, den Text auswendig zu lernen. An staatlichen Schulen wird nur allgemeiner Religionsunterricht erteilt. Christen und Juden haben ihre eigenen Schulen. Etwa ein Viertel der Muslime gehören der Glaubensrichtung der Alewiten an. Sie sind Anhänger Alis, eines Schwiegersohns Mohammeds.

Die beiden höchsten islamischen Feste sind *Kurban* (Opferfest) und *Ramazan bayramı* (Zuckerfest). Am Opferfest schächtet jeder, der es sich leisten kann, einen jungen Hammel oder ein Kalb in Erinnerung an das Opfer Abrahams. Schächten bedeutet nach jüdischem und moslemischem Ritus Töten ohne Betäubung, denn nur dann kann das Blut aus dem Tierkörper herausfließen. Das Fleisch ist dann „koscher" (jüdisch) bzw. „helal" (traditionalistisch-islamisch). Zwei Drittel des Fleisches soll an Bedürftige verteilt werden. Im Fasten-

Moschee in Kalkan

monat Ramadan hält sich die Mehrheit der Muslime an das Gebot, zwischen Sonnenaufgang und Sonnenuntergang weder zu essen, zu trinken noch zu rauchen. In der Provinz wird es dann schwer, mittags ein geöffnetes Lokal zu finden.

SPRACHE

Das in der Türkei gesprochene Türkisch gehört zu den oghusischen Sprachen. Während der osmanischen Periode kamen zahlreiche persische und arabische Bestandteile hin, in den 1920er-Jahren französische Ausdrücke, etwa *şoför* (Chauffeur).

Die Verständigung unter den verschiedenen „Turkvölkern" ist schwer, aber nicht unmöglich. Allein mit den Azeris (Aserbaidschan-Türken), die einen hochtürkischen Dialekt sprechen, können sich die Türken ohne größere Probleme unterhalten. Als Besucher kommt man in den touristischen Gegenden des Landes und in den Großstädten meist mit Englisch oder Deutsch recht gut weiter.

UMWELTSCHUTZ

Vor allem in den Metropolen haben sich in den 1990ern viele Bürgerinitiativen gegründet, die sich mit den dringendsten Umweltproblemen beschäftigen: mit der Luftverschmutzung in den Großstädten und der drohenden Versteppung des Landes durch Erosion. Etliche Gruppen kämpfen gegen den Goldabbau mit Hilfe hochgiftiger Zyankalilauge und den zunehmenden Öltankerverkehr im Bosporus.

UNANTASTBARE FAMILIENEHRE

Oft werden Sie die Schilder sehen: „Aile Çay Bahçesi" („Familienteegarten") oder „Aile Salonu" („Familiensalon") steht am Eingang und weist darauf hin, dass die Bereiche der männlichen Junggesellen von denen der Familien und Paare schön getrennt sind. Was in großstädtischen Cafés und Restaurants schon längst der Vergangenheit angehört, ist in einfacheren Esslokalen und auf dem Land die Regel. Schützen soll das Verfahren die Frauen vor lästigen Männerblicken – was doch oft vorkommt, vor allem, wenn Mann einige Gläser zu viel getrunken hat.

VOM FASTEN UND FEIERN

Nicht nur zur Sommerzeit – Festivals haben das ganze Jahr im Land Saison

> Die Kulturhauptstadt der Türkei war lange Zeit İstanbul. Hier finden immer noch die meisten Events statt – empfehlenswert sind das *İstanbuler Musikfestival* und die *Jazztage*. Aber auch andere Städte wie İzmir oder Antalya stehen in nichts mehr nach. Feste und Festivals auf dem Land sind oft bescheiden, aber herzlich. Informationen über die İstanbuler Festivals unter *www.istfest.org*. Karten gibt es bei *www.biletix.com*.

OFFIZIELLE FEIERTAGE

1. Jan. *Yılbaşı* (Neujahr) **23. April** *Ulusal Egemenlik ve Çocuk Bayramı*, Fest der Nationalen Souveränität und der Kinder; **19. Mai** *Gençlik ve Spor Bayramı*, (Fest der Jugend und des Sports) **30. Aug.** *Zafer Bayramı* (Feiertag der Befreiung); **29. Okt.** *Cumhuriyet Bayramı* (Feiertag der Republik, Nationalfeiertag)

RELIGIÖSE FEIERTAGE

Nach islamischem Mondkalender verschieben sich religiöse Feste jedes Jahr um elf Tage nach vorn.

Kurban Bayramı (Opferfest) ist das höchste islamische Fest. Es dauert vier Tage: **8. Dez. 2008**; **27. Nov. 2009** *Ramazan* (zu Deutsch "Ramadan") ist der jährliche Fastenmonat der Muslime: **1.–29. Sept. 2008**; **22 Aug.–21. Sept. 2009** *Ramazan Bayramı* (Zuckerfest): heißt das dreitägige Fest zum Abschluss des Fastenmonats Ramadan: **30. Sept. 2008**; **22 Sept. 2009**

FESTIVALS

Januar

Kamelkämpfe in Kale/Myra: Sieger ist das Kamel, das alle anderen umgeworfen hat. Es wird streng darauf geachtet, dass sich kein Tier verletzt

März

European Jazz Festival in İzmir: erste Märzwoche; *www.iksev.org*
Newroz: ursprünglich das Neujahrsfest der Kurden (21. März), wird mittlerweile überall im Land gefeiert

> EVENTS FESTE & MEHR

April

Internationale Filmfestspiele İstanbul: In der ersten Aprilhälfte wird İstanbul zur Filmstadt; *www.iksv.org/film*
Internationales Musikfestival Ankara: glänzt vor allem mit Klassik aus aller Welt; *www.ankarafestival.com*

Mai

Internationale Theaterbiennale İstanbul (2008, 2010): Shakespeare und Brecht stehen oft auf dem Spielplan
Silifke Festivali: an der Südküste mit lokalen Folkloretänzen

Juni

★ *Aspendos Opern- & Ballett-Festival:* Aufführungen in den Kulissen des antiken Theaters; *www.dobgm.gov.tr*
Internationales Musikfestival İstanbul: Klassik vom Feinsten in exklusiven Orten wie der Kirche Hagia Irene am Topkapı-Palast; *www.iksv.org*
Insider Tipp *Internationale Festspiele İzmir:* Klassik in Ephesos ist ein einmaliges Erlebnis! *www.iksev.org*

Juli

Kırkpınar Güreşleri: Traditionelles Ringen im Freien nahe der bulgarischen Grenze; *www.kirkpinar.com*
Internationale Jazztage in İstanbul

September/Oktober

★ *Kunst-Biennale İstanbul (2007, 2009): eine der europaweit wichtigsten Ausstellungen der* Gegenwartskunst
Antalya Klaviertage: Sechs Tage lang spielen Virtuosen open air; *www.antalya.bel.tr*

November

Efes Pilsen Bluesfestival İstanbul: Mit vielen US-Größen; *www.efespilsen.com.tr*

Dezember

★ *Şeb-i-Aruz:* Derwische in Konya führen ihren meditativen Tanz am Todestag (12. Dez.) des Ordengründers auf
Am Ersten Weihnachtstag (25. Dez.) findet eine *große Messe* in der Petrus-Grotte (Antakya) statt Insider Tipp

> MEHR ALS EINFACH NUR DÖNER UND KEBAP

Ein türkisches Abendessen ist ein Erlebnis für Augen und Gaumen. Die wichtigste Zutat: viel Zeit

> Die kulinarische Vielfalt der türkischen Küche kann es mit jedem anderen mediterranen Land aufnehmen: Sie ist auch für Mitteleuropäer gut verträglich und selten übermäßig gewürzt. Der Ursprung vieler türkischer Gerichte lässt sich in die Nomadenzeit der frühen Turkvölker zurückverfolgen, etwa die diversen Arten von in Lehmöfen gebackenen Brotsorten, die Joghurtspeisen oder Lammgerichte. Diese Traditionen verschmolzen später mit den Kochkünsten der kleinasiatischen Küstenkulturen, besonders ihrer Varianten der Fischzubereitung. In osmanischer Zeit kamen Einflüsse aus Europa und Nordafrika dazu. Selbst aus römischer Zeit wurden einige Rezepte nachgewiesen.

Kennzeichnend für die türkische Küche ist die aufwendige und Zeit raubende Vorbereitung selbst einfach erscheinender Gerichte. Wer jemals einer türkischen Hausfrau bei der Zubereitung von gefüllten Kohl- oder Weinblättern (*dolma*, „das Ge-

ESSEN & TRINKEN

füllte“) zugesehen hat, wird verstehen, dass sich die Türken abends für das Hauptmahl im Familienkreis oder in einem Gasthaus (*lokanta*) ausgiebig Zeit nehmen. Das Frühstück ist dagegen wenig reichhaltig: Zu Weißbrot gibt es Schafskäse, Oliven und Marmelade. Mittags isst man meist eine Suppe und danach ein leichtes Gemüsegericht.

In den Touristenhochburgen der Mittelmeerküste wurde die traditionelle Küche oft zu Gunsten internationaler Schnitzel-Einheitskost zurückgedrängt. Die reichhaltigen Buffets der Feriendörfer lassen jedoch nichts zu wünschen übrig.

Für manche sind die kalten Vorspeisen *(mezeler)* der Höhepunkt der türkischen Küche. Auf den Vorspeisentischen finden Sie Gemüse aller Art, meist in Olivenöl eingelegt, Krabben, Muscheln, Tintenfischringe, Humus (pürierte Kichererbsen),

Saisonsalate und Blätterteigpasteten. In Tavernen darf zu *mezeler* der *rakı* (ein hochprozentiges, mit Anis aromatisiertes Traubendestillat) nicht fehlen. *Rakı* passt vorzüglich zu cremigem Schafskäse und Honigmelone.

Die Türken erwarten von einem Gericht, dass es nach der Hauptzutat schmeckt und nicht von Soßen oder Gewürzen überdeckt wird. Lamm und Rind werden darum meist gegrillt oder am Spieß *(şiş)* sparsam gewürzt serviert. Dazu gibt es Salat und Reis, Bulgur (grob geschroteter Weizen) oder Kartoffeln. Außer der Fastfood-Variante mit den dünn geschnittenen Döner-Scheiben im Brot *(pide)*

> SPEZIALITÄTEN

Genießen Sie die typisch türkische Küche!

acı – rote Pastete aus sehr scharfen Peperoni

ahtapot salatası – Tintenfischringe in Öl mit grünen Oliven

arnavut ciğeri – gebratene, kalte Leberstückchen mit Zwiebeln

baklava – hauchdünn ausgerollter, schichtweise mit Pistazien oder Walnüssen gefüllter Teig

balık ızgara – gegrillter Fisch in verschiedenen Varianten

biber dolması – mit Hackfleisch und Reis gefüllte Paprikaschoten (Foto links)

çiğ köfte – scharf gewürzte, rohe Hackfleischbällchen: das einzige Gericht, das türkische Männer selbst zubereiten

helva – „türkischer Honig“, beliebte Nachspeise, vor allem nach Fisch

iç pilav – Reisgericht mit Rosinen, Leber und Erbsen

işkembe corbası – Kuttelsuppe, die bevorzugt nach einem langen Zechabend gegen Morgen gegessen wird

iskender kebap – Dönerscheiben auf Fladenbrot mit Joghurt, übergossen mit Butter

karni yarık – mit Zwiebeln und Hackfleisch gefüllte Auberginen, die warm gegessen werden

kaymaklı cevizli muz – Bananenscheiben mit Walnüssen und hausgemachter Sahne

köfte – ein Nationalgericht aus kleinen, gegrillten oder in der Pfanne gebratenen Hackfleischbällchen

kuzu tandır – Lammkeule aus dem Steinofen

mantı – eine Art Ravioli mit Knoblauchjoghurt und frischen Minzblättern

muhallebi – Milchpudding aus Stärke, Reismehl und Reis

patlıcan salatası – Salat aus Schafskäse und auf Holzkohle gegrillten Auberginen

sigara böreği – Blätterteigröllchen, gefüllt mit aus Schafskäse und Petersilie

şiş kebabı – zarte Lammfleischstücke, gegrillt mit Tomaten, Zwiebeln und Paprika

gibt es Dutzende andere Zubereitungsmöglichkeiten für Fleisch. Aus Ostanatolien stammen die Variationen *patlıcan kebabı* (mit Hackfleisch gefüllte Auberginen am Spieß) oder *saç kebabı* (geschnetzeltes Lamm mit Champignons und Tomaten, in der Pfanne gebraten). Geflügel gibt es häufig aus dem Ofen. An den Küsten dominieren Fisch und Meeresfrüchte die Speisekarte. Empfehlenswert sind *fenerbalığı* (Seeteufel), *levrek* (Seebarsch), *lüfer* (Blaubarsch), *kalkanbalığı* (Steinbutt) und *palamut* (Thunfisch). An der Mittelmeerküste bekommt man auch frischen Hummer *(istakoz)*. Für die berühmte Schwarzmeersardine *(hamsi)* kennen die Nordküstenbewohner angeblich mehr als 40 Arten der Zubereitung.

Auch der Nachtisch birgt Überraschungen: Verschiedene Sorten von Blätterteiggebäck, mit Zuckersirup übergossene Pasteten und Schokopuddings gehören dazu. Er wird bereichert durch saftiges Obst: Honig- und Wassermelonen, Weintrauben, Pfirsiche, selten auch schwarze Maulbeeren *(karadut)*. An den Schluss gehört ein Tässchen türkischer Mokka *(türk kahvesi)*. Man bestellt ihn *sade* (ungezuckert), *orta* (mittelsüß) oder *şekerli* (gesüßt).

Das türkische Nationalgetränk ist Tee *(çay)*. Er wird in kleinen Gläsern serviert und nach Belieben gesüßt. Mittlerweile wird auch gern löslicher Kaffee getrunken, und internationale Kaffeehausketten erfreuen sich großer Beliebtheit. Tafelwasser heißt *su*, mit Kohlensäure *soda*. Aus Wasser und Joghurt wird *ayran* gemixt. Ausländische Weine gibt es nur in exklusiven Lokalen. Dafür sind die einheimischen Marken *Doluca* oder *Kavaklıdere* solide Tischweine. Beim Bier empfiehlt sich besonders die Marke *Efes*. Nicht überall werden Alkoholika ausgeschenkt, das gilt vor allem für zentral- und ostanatolische Städte.

Man unterscheidet zwischen Restaurants *(restoran, lokanta)* oder einfachen Esslokalen *(meyhane)*. *Birahane* sind Bierhäuser, um die eine Frau besser einen Bogen macht.

Typisch für ein gutes Restaurant ist, dass eine Heerschar Kellner be-

Preiswert und lecker: Döner Kebap

reitsteht. In *ocakbaşı* genannten Lokalen gibt es Gegrilltes *(ızgara)* von einem großen Grill *(mangal)* in der Mitte des Raumes. Hier wird das Urlaubsbudget nicht so arg strapaziert. In *pastahane* (Konditoreien) gibt es oft auch Kuchen und Torten.

Wenn das Essen geschmeckt und die Bedienung gestimmt hat, hinterlässt man auf dem Tisch üblicherweise zehn Prozent Trinkgeld.

TEPPICH, LEDER UND ANTIQUITÄTEN

Wer in den türkischen Basaren um den Preis feilschen will, muss Geduld und Humor mitbringen

> Einkaufen in der Türkei erfordert Zeit und Aufmerksamkeit. Das Feilschen um eine Melone oder einen Sonnenhut ist zwar so unüblich wie in Deutschland – im Einzelhandel gelten Festpreise. Dagegen sind Basarhändler und Inhaber typisch türkischer Andenkenläden meist bereit zu handeln. Ein grober Verstoß gegen die guten Sitten ist es, um eine Ware zu feilschen, an der man kein echtes Interesse hat. Der Käufer sollte niemals als Erster einen Preis nennen und sein Angebot sollte die Forderung des Händlers nicht um mehr als 50 Prozent unterschreiten. Bisweilen wird der Besitzer Sie zu einem Glas Tee einladen. Haben Sie ruhig Mut zu verhandeln. Und: Seien Sie hart in der Sache, aber stets freundlich im Umgang mit dem Verhandlungspartner.

Die Ausfuhr von über 100 Jahre alten Antiquitäten und antiken Fundstücken aus der Türkei ist streng verboten – das gilt auch für Steine! Für Teppiche und andere Wertgegenstände sollten Sie unbedingt die Kaufquittung aufbewahren.

ANTIQUITÄTEN

Zu den beliebtesten Mitbringseln aus der Türkei gehören neben Kupfer- und Messingwaren, Wasserpfeifen, Silber- und Goldschmuck, Keramikarbeiten auch Antiquitäten. Darunter versteht man Stücke, die mehr als 100 Jahre alt sind. Grundsätzlich ist die Ausfuhr von Antiquitäten nur mit amtlichen Begleitpapieren möglich. Manchen Touristen schien das in der Vergangenheit zu kompliziert – schließlich muss man in der Türkei vielerorts nicht einmal graben, um alte Steine und Münzen zu finden. Spätestens seit dem Fall eines deutschen Urlaubers, der sechs Wochen wegen eines unscheinbaren Steins in Antalya einsaß und der nur freikam, weil er eine Kaution von knapp 6000 Euro zahlte, dürfte den meisten aber die Lust auf Trümmerklau vergangen sein. Nicht selten erweist sich die angebliche Antiquität bei genauerem Betrachten als Fälschung. Gefakte Altertümer finden sich oft bei den „antiken" Münzen, die einem im Umfeld der archäologischen Stätten angeboten werden.

> EINKAUFEN

GOLD & SILBER

Bei Goldschmuck gilt: je aufwendiger die Verarbeitung, desto teurer. Es lohnt sich, abseits der touristischen Pfade nach nicht so stark besuchten Juwelieren zu suchen. Der tagesaktuelle Goldpreis muss ausgehängt sein. Verlangen Sie unbedingt ein Echtheitszertifikat! Beim ebenfalls sehr günstigen Silber achten Sie auf den Stempel im Innern oder auf der Rückseite des Schmuckstücks.

LEDER & BAUMWOLLE

Produkte aus Leder und Baumwolle gehören zu den klassischen Souvenirs. Nicht überall jedoch bekommen Sie erstklassige Ware. Das Leder sollte nicht fleckig und gut durchgefärbt sein. Dicke ist nicht Steife: Die Hose oder Jacke muss sich nach einer Weile an Ihren Körper schmiegen können wie eine zweite Haut. Das Leder-Qualitätszeichen schützt vor mangelhafter Ware. Baumwollstoffe bekommen Sie auf fast allen Märkten zu günstigen Preisen. Oft sind die Stoffe naturgefärbt und mit Stickereien verziert.

TEPPICHE

An zahllosen dörflichen Webstühlen entstehen sie bis heute: die handgeknüpften türkischen Teppiche. Die besten Exemplare kommen aus Bergama, Konya, Kayseri und Uşak. Beim Kauf eines Teppichs sollten Sie auf folgende Qualitätsmerkmale achten: je mehr Knoten, desto wertvoller. Als Beweis guter Arbeit sollte das Knotenmuster auf dem Rücken gleichmäßig erscheinen. Naturseide ist kostbarer als Kunstseide, Baumwolle wertvoller als Chemiefasern. Mit einem Geruchstest können Sie überprüfen, ob Kunstfasern beigemischt wurden: ein paar Fasern herausziehen und mit dem Feuerzeug verbrennen. Der Schwierigkeitsgrad eines Teppichs zeigt sich unter anderem daran, ob das Muster einen häufigen Farbwechsel aufweist. Bitte bedenken Sie bei der Beurteilung des Preises auch, dass man für einen Quadratmeter hochwertigen Teppich rund 100 Knüpftage rechnet!

> ANTIKES HINTERLAND UND BEZAUBERNDE BUCHTEN

Von İstanbul über Kuşadası nach Bodrum: Badefreuden und die bedeutendsten Fundstätten des Altertums

> Die West- oder Ägäisküste der Türkei ist eine bezaubernde Welt zwischen Ruinen der Antike und schönen Badestränden. Von İstanbul bis nach Bodrum erstreckt sich eine 700 km lange, buchtenreiche Küstenlinie. Im Hinterland breitet sich sanftes Hügelland aus, dank des milden Mittelmeerklimas gedeihen Oliven, Wein und Tabak. Dieser 5000 Jahre alte Siedlungs- und Kulturraum wartet mit großartigen Resten aus der Antike auf; Troja, Ephesos und Pergamon sind nur einige von zahlreichen Besichtigungsstätten. Eindrucksvolle Naturerscheinungen wie die Kalksinterterrassen von Pamukkale wechseln sich mit flotten Yachthäfen, modernen Ferienanlagen und kleinen Fischerdörfern ab. Der Massentourismus ist an der türkischen Westküste noch nicht überallhin vorgedrungen.

Ausführliche Informationen zur türkischen Ägäisküste finden Sie außerdem auch im MARCO POLO Band „Türkische Westküste“.

Bild: Bodrum

WESTKÜSTE

BODRUM

[122 C4] **Was die Krim für die Russen, ist Bodrum (100 000 Ew.) für die Türken: ein traditionsreiches Synonym für die schönsten Wochen im Jahr.** Es waren aus İstanbul emigrierte Schriftsteller, die der Stadt, dem antiken Halikarnassos, mit ihrer Burg und den weiß getünchten Häusern durch ihre Werke zu legendärem Ruf verhalfen. Die Bucht, die erleuchtete Burg und die malerische Hafenkulisse üben seit jeher eine magische Anziehungskraft aus. 377 v. Chr. verlegte der persische Statthalter Mausolos seine Residenz nach Halikarnassos. Er baute die Siedlung zu einer großen Stadt aus und befestigte sie mit einer sechs Kilometer langen Mauer, von der heute noch einige Reste zu sehen sind. Sein Grabmal, das *Mausoleion,* gehörte zu den antiken Sieben Weltwundern. Von dem einst 50 Meter hohen Monument blieben nur die Fundamente (vor Ort ausgeschildert).

Im Sommer platzt Bodrum aus allen Nähten. Das „St. Tropez der Türkei“ ist vor allem bei Briten beliebt. Anfang September findet das *Bodrum Festivali* statt, ein Kunst- und Kulturprogramm mit großem türkischen Staraufgebot, und im Oktober ist Bodrums Hafen Veranstaltungsort einer *gulet*-Regatta.

Yachten aus aller Welt kreuzen vor der türkischen Küste

SEHENSWERTES

BODRUM SUALTI ARKEOLOJI MÜZESI (UNTERWASSERMUSEUM)

In der mittelalterlichen Kreuzfahrerburg von Bodrum befindet sich das erste und einzige *Unterwassermuseum* der Türkei. Die Glaskollektion ist die viertgrößte der Welt. Hier gibt es Amphoren und Schmuck aus Gold und Elfenbein zu sehen. *Di–So 9–12 und 13–19 Uhr | Eintritt 3 Euro | www.bodrum-museum.com*

ESSEN & TRINKEN

KOCADON

In schönem Innenhof gelegenes, ruhiges Lokal unweit der Marina. Neben Fisch auch Fleisch und Vegetarisches. *Neyzen Tevfik Cad. Saray Sokak | Tel. 0252/316 37 05 | www.kocadon.com* | €€

KORTAN

Eines der ältesten und besten Fischrestaurants vor Ort. Zu empfehlen sind besonders die warmen Vorspeisen. *Cumhuriyet Cad. 32 | Tel. 0252/316 13 00* | €€€

SÜNGER ▶▶

Die beste Pizza, freundliche Bedienung, gutes Preis-Leistungs-Verhältnis. *Neyzen Tevfik Cad. 218 | Tel. 0252/316 08 54* | €

ÜBERNACHTEN

BAÇ PANSIYON

Direkt in der Innenstadt und trotzdem ruhig. Mit kleinem Strand und herrlichem Blick auf die Burg. *10 Zi. | Cumhuriyet Cad. 14 | Tel. 0252/316 16 02 | Fax 316 79 17* | €

THE MARMARA BODRUM

Die Luxusanlage ist ein Ableger der Istanbuler Hotelkette und hat den schönsten Swimmingpool Bodrums. Vom Spa bis zu Tennis gibt's alles und noch viel mehr. *100 Zi. | Suluhasan Cad. Yokuşbaşı Mahallesi | Tel.*

0252/313 81 30 | Fax 313 81 31 | www.themarmarahotels.com | €€€

SU OTEL
Hübsche, kleine Pension mit ruhigem Hof. Abseits vom Yachthafen. *12 Zi. | Turgutreis Cad./1201 Sok. | Tel. 0252/316 69 06 | Fax 316 73 91 | www.suhotel.net* | €€

FREIZEIT & SPORT

„BLAUE REISE"
„Blaue Reise" werden die Urlaubstörns auf den motorbetriebenen Holzschiffen *(gulets)* genannt. Sie können einen Tag, aber auch mehrere Wochen dauern. Preis: zwischen 250 und 600 Euro pro Person/Woche. *GPS Yachting | Yenikoy Mah. | Turgutreis Cad. 102 | Tel. 0252/313 94 16 | Fax 313 10 73 | www.gps-yachting.com*

TAUCHEN
Die Küste vor Bodrum gilt als hervorragendes Tauchrevier. Eine gute Adresse: *Aşkın Diving | Paşa Tarlası Cad. 11 | Tel. 0252/316 42 47 | Fax 316 71 58 | www.askindiving.com*

AM ABEND

In Bodrum geht man aus: Die größte Openair-Disko ist die legendäre *Halikarnas* mit Platz für 5000 Leute *(Eintritt 15 Euro | Cumhuriyet Cad. 178 | www.halikarnas.com.tr)*. Gleich daneben *(Hausnr. 175)* liegt das *Café Mavi,* Bodrums älteste Musikkneipe. Die ▶▶ *Bodrumer Jazztage* Insider Tipp finden vom 15. bis 31. Mai, u. a. auch in *Hadigari* statt *(Dr. Alim Bey Cad. 37 | Tel. 0252/316 15 58)*. Die *Küba Bar* an der Marina *(Neyzen Tevfik Cad. 62/Ecke Yangı Sokak | Tel. 0252/313 44 50 | www.kubabar.com)* blickt auf die angestrahlte Burg und hat Klasse.

AUSKUNFT

Barış Meydanı (direkt vor dem Kastell) | Tel. 0252/316 10 91 | Fax 316 76 94 | www.bodrumpages.com | www.bodrum-info.org

MARCO POLO HIGHLIGHTS

★ **Hagia Sophia**
Seit 1934 ist die Moschee ein Museum (Seite 40)

★ **Topkapi-Palast**
Von hier wurde das osmanische Reich regiert (Seite 40)

★ **Pamukkale**
Warme Quellen speisen die Naturbassins (Seite 46)

★ **Çeşme**
Halbinsel mit großem Freizeitangebot (Seite 44)

★ **„Blaue Reise"**
Romantische Tour auf See (Seite 34)

★ **Assos**
Pittoreskes Ägäisdorf (Seite 38)

★ **Bozcaada und Gökçeada**
Inseln mit griechischen Flair (Seite 38)

★ **Ephesos**
Ruinen einer der schönsten antiken Städte (Seite 44)

★ **Troja**
Die Reste der Stadt Homers (Seite 39)

ZIEL IN DER UMGEBUNG

GÜMÜŞLÜK [122 B4]

Der kleine Ort auf der Spitze der Bodrum-Halbinsel ist beliebt bei Seglern und Surfern. Die Restaurants am Meer bieten das Beste an Fisch von der ganzen Halbinsel. Unbedingt versuchen sollten Sie die Nachspeise *sıcak helva*. Eine nette Pension am Strand ist *Sisyphos (21 Zi. | Tel. 0252/394 30 16 | Fax 394 36 56 | €). Dolmuş ab Busbahnhof in Bodrum (Otogar) | 20 km*

Insider Tipp

BURSA

[115 E4] **Nach ihrer Eroberung durch die Osmanen im Jahre 1326 wurde Bursa zur ersten Hauptstadt des expandierenden Reiches.** Den Sultanen verdankt das antike Prusa (so genannt nach König Prusias I. von Bythinien, 200 v. Chr.) den Namen Yeşil Bursa („Grünes Bursa"). Viele der berühmten osmanischen Bauten sind mit den blaugrünen İznik-Fayencen verkleidet. Aber auch sonst hat sich die Stadt am Fuß des 2543 m hohen Uludağ dank zahlreicher Gärten und Parks das Attribut grün verdient. Seit römischen Zeiten wird die Heilkraft der heißen Quellen von Bursa gerühmt. Die Thermalbäder befinden sich fast alle im Stadtviertel Çekirge.

Die westanatolische Provinzstadt (2,5 Mio. Ew.) ist nach der Republikgründung zu einer der bedeutendsten Industriestädte des Landes gewachsen. Bursa ist berühmt für seine Seidenverarbeitung. Die weltweit bekannteste Erfindung aus Bursa ist der Kebap am drehenden Spieß (Döner, wörtlich: drehend). Die Universität hat das Gesicht der Stadt in den letzten Jahren stark verändert.

SEHENSWERTES

KOZA HANI (SEIDEN-BASAR)

Die zweigeschossige Anlage dient schon seit mehr als 500 Jahren als Handelszentrum für Seide. Im Juni und Juli bringen die Bauern Säcke mit weißen Seidenraupenkokons zum Spinnen dorthin. Fertige Seidenstoffe werden in den Basarläden verkauft. *Neben dem Ulu Camii-Park*

> PLATZ AN DER SONNE

Immer die Küste entlang geht die „Blaue Reise"

Es begann 1925: Der Schriftsteller Cevat Şakir Kabaağaçlı wurde von İstanbul nach Bodrum in die Verbannung geschickt. Der Künstler empfand das jedoch nicht als Strafe, sondern erlebte die produktivste Phase seines Lebens. Wenn Freunde zu Besuch kamen, lud er sie zu Bootsfahrten entlang der Küste ein. So entdeckten die türkischen Intellektuellen das humanistische Erbe der Griechen in Anatolien – die ★ „Blaue Reise" begann. Heute gehört die *mavi yolculuk* zu den beliebtesten Urlaubsformen der türkischen Südküste. Die behäbig wirkenden Holzschiffe haben zwar noch die volle Takelage, fahren aber meist mit Motor. An Bord sorgt ein Koch für die Verpflegung, der Kapitän hält an, wo es seinen Passagieren beliebt. Wichtige Ablegehäfen für solche Segeltouren sind heute Antalya, Marmaris, Bodrum und Fethiye.

ULU CAMII (GROSSE MOSCHEE)

Im Unterschied zu den Moscheen späterer Jahre besitzt die "Große Moschee" aus dem Jahr 1400 keine Hauptkuppel, sondern 20 gleich große, getragen von zwölf Pfeilern. Beachtenswert ist die Gebetsnische mit acht Stalaktitenreihen, eine herausragende osmanische Steinmetzarbeit des 16. Jhs. *Atatürk Cad.*

In den heißen Quellen von Bursa entspannten sich schon die alten Römer

YEŞIL KÜLLIYE (GRÜNER KOMPLEX)

Das Areal im Osten der Stadt besteht aus einer Moschee, einer Medrese (religiöse Hochschule) und der Grabstätte Mehmets I., Bauherrn dieser prachtvollen Anlage aus dem 15. Jh. Die *Grüne Moschee* (Yeşil Camii), so benannt nach den grünen Fayencen, die die zwei Kuppeln und weite Teile der Innenräume bedecken, hat einen T-förmigen Grundriss. Die beiden Flügel dienten als Unterkunft reisender Derwische. Über dem Eingangsportal befindet sich die reich verzierte Sultansloge, in der Mitte der Eingangshalle plätschert ein Marmorbrunnen. Die *Yeşil Türbe,* das 25 m hohe Mausoleum Mehmets I., liegt auf dem Hügel gegenüber. Der größte von neun Sarkophagen gehört dem Sultan, die übrigen sind Familienmitgliedern und hohen Angestellten vorbehalten. Tatsächlich sind die Gräber leer, die Toten wurden in der Erde bestattet. In der ehemaligen *Religionsschule* (Yeşil Medrese) zeigt heute das *Museum für türkisch-islamische Kunst* unter anderem Waffen, Kleider, Keramiken, Münzen, Kerzenständer und Intarsien. *Di–So 8.30–12.30, 13 bis 17 Uhr | Eintritt 2 Euro*

ESSEN & TRINKEN

ÇUMURCUL RESTAURANT

In historischem Bursa-Haus mit Blick auf die Stadt. Französische und türkische Küche, Fischgerichte. *Çekirge Cad. (Muradiye) | Tel. 0224/ 235 37 07* | €€

KEBAPÇI İSKENDER

Insider Tipp

Kebap-Freunde aufgepasst: Hier wurde der *İskender Kebap* mit Joghurt als Soße erfunden, benannt angeblich nach seinem Erfinder, İskender Efendi („Herr Alexander"). *Ünlü Cad. 7 | Heykel | Tel. 0224/221 46 15* | €€

ÜBERNACHTEN

CELIK PALAS

Die Hotelanlage wurde 1935 von Atatürk in Auftrag gegeben und im Laufe der letzten Jahrzehnte modernisiert. Das türkische Bad ist wunderschön, das Quellwasser 47 Grad heiß; ausgebildete Masseure. *156 Zi. | Çekirge Cad. 79 | Tel. 0224/233 38 00 | Fax 236 19 10 | www.celikpalasotel.com* | €€

THERMAL HOTEL GÖNLÜFERAH

Ein geschmackvolles Mittelklassehotel, gelegen im Thermalviertel Çe-

Skispaß auf Bursas Hausberg: das türkische Wintersportgebiet Uludağ

kirge, mit schönem Haman und angegliederten Live-Lounge, in der es Musik von Latin bis Türkisch gibt. *70 Zi. | 1. Murat Cad. 22 | Tel. 0224/ 233 92 10 | Fax 233 92 18 | www.gonluferah.com | €€*

THERMALBAD

Das schwefel- und eisenhaltige Wasser soll gegen Rheuma und Gallensteine helfen. Das älteste Bad ist das *Eski Kaplıca* (Altes Bad). Es stammt aus dem 14. Jh. und liegt im Bäderviertel *Çekirge | Armutlu Meydanı |* Gelände des *Kervansaray Hotels (Eintritt 10 Euro | mit Massage ca. 20 Euro | Tel. 0224/233 93 00).*

AUSKUNFT

Orhangazi Parkı | Tel./Fax 0224/ 220 18 48

ZIELE IN DER UMGEBUNG

CUMALIKIZIK [115 E4]

Der Ort liegt nur einen Fußmarsch von der Großstadt entfernt und blieb doch über Jahrhunderte unbeachtet. Cumalikizik (10 Kilometer vor Bursa) steht immer noch so, wie es die ersten osmanischen Stammesfürsten im 14. Jahrhundert erbauten. Das Dorf bietet eine Zeitreise in vergangene Jahrhunderte, es ist so alt wie das Osmanische Reich: 700 Jahre. 260 uralte, windschiefe Fachwerkhäuser prägen die Siedlung, die Menschen leben nach alter Sitte und bereiten die traditionellen Speisen zu. Seit vor ein paar Jahren allerdings eine Fernsehserie hier gedreht wurde, ist es mit der Beschaulichkeit vorbei. Am Wochenende stürmen bis zu 50 000 Neugierige den Ort. *Nach 8 km auf der Schnellstraße nach Ankara den Hinweisschildern folgen. Minibusse ab Busbahnhof Eski Garaj.* Zum Übernachten gibt es zwei saubere Pensionen: *Hatçe'nin Yeri (5 Zi. | Tel. 0224/372 93 51 | €)* und *Mavi Boncuk (9 Zi. | Tel. 0224/373 09 55 | €)*. Auskunft erteilt der Dorfvorsteher *(Tel. 0224/372 40 39).*

ULUDAĞ ▶▶ [115 E4]

Auf dem 2543 Meter hohen „Olymp Kleinasiens“ tummeln sich zwischen Januar und April die İstanbuler auf den Skipisten. Mit der Seilbahn *(teleferik)* oben angekommen, reicht der Blick bei klarem Wetter bis İstanbul. Außerhalb der Skisaison eignet sich das Bergmassiv zu ausgedehnten Wanderungen durch das waldreiche Gebiet. Komfortabel übernachten können Sie im Hotel *Monte Baia (| 186 Zi. | 2. Oteller Bölgesi | Tel. 0224/285 23 83 | Fax 285 22 02 | www.baiahotels.com | €€€).*

ÇANAKKALE

[114 B4] Wo Marmara- und Ägäisches Meer zusammenfließen, liegt Çanakkale (400 000 Einwohner). Täglich verbinden Passagier- und Autofähren Çanakkale mit Eceabat und Kilitbahir auf der europäischen Seite. Die Meerenge der Dardanellen besitzt seit der Antike eine bedeutende strategische Rolle. Zwei große Schlachten haben hier stattgefunden: die von Homer in der İliada erwähnten Trojanischen Kriege und die Schlacht an den Dardanellen im Ersten Weltkrieg (1915). Dort erwarb sich Oberstleutnant Mustafa Kemal auch seinen legendären Ruhm. *Çanakkale ist Ausgangspunkt für Ausflüge nach Troja und zu* *den Ägäisinseln Bozcaada und Gökçeada.*

ESSEN & TRINKEN

YALOVA LIMANI

Hafenrestaurant mit Terrasse und Seeblick; serviert werden hier köstliche Fischspezialitäten. *Rıhtım Sok.* | *Tel. 0286/217 10 70* | €€€

> LOW BUDGET

- > Am „goldenen Strand" von Didim/Altinkum gibt's saubere Appartements für zwei ab 20 Euro. *Star Apart Hotel* | *16 App.* | *Atatürk Bulvari 213* | *Tel. 0256/813 12 79* | *www.starapartotel.com*
- > Bodrum: Zimmer mit Blick auf Meer und Burg für nur 20 (1 Person) bzw. 32 Euro (2 Pers.) – Frühstück inbegriffen! *Merhaba Otel* | *12 Zi.* | *Kumbahce Mahallesi* | *Akasya Sokak 11* | *Tel. 0252/316 39 78* | *www.merhabaotel.com*
- > In der *Büke Pension* in Alacati gibt es das leckere Surfer-Börek mit Tee – eine preiswerte und köstliche Mahlzeit nicht nur für Surfer. *Liman Mevkii* | *Alacati* | *Cesme bei İzmir* | *Tel. 0232/716 78 71*
- > Ein Doppelzimmer für nur 28 Euro bietet das *Hotel Panorama* in Kuşadası. Bei 10 Nächten gibt's zwei gratis, plus einen Besuch zu zweit im türkischen Bad. *32 Zi.* | *Haci Feyzullah Mahallesi* | *Kibris Cad. 14* | *Kuşadası* | *Tel. 0256/614 66 19* | *www.hotelpanorama.com*
- > Kalamares, Dessert und Kaffee für 12 Euro gibt es nur bei *Adem Baba* in İstanbul – immer brechend voll! *Tgl.* | *Satis Meydani Sok. 2–5* | *Arnavutköy* | *Tel. 0212/263 29 33* | *www.adembaba.com*

ÜBERNACHTEN

IDA KALE RESORT

Zwischen Stadtzentrum und Troja gelegenes, ruhiges und komfortables Hotel mit Pool am Meer. *84 Zi.* | *Güzelyalı* | *Tel. 0286/232 83 32* | *Fax 232 88 32* | *www.kaleresort.com* | €€€

AUSKUNFT

İskele Meydanı 67 | *Tel./Fax 0286/217 11 87*

ZIELE IN DER UMGEBUNG

ASSOS ★ ▶▶ **[114 A5]**

Die Bucht von Assos (Behramkale, 1600 Ew., 50 km von Çanakkale) war lange Zeit ein Geheimtipp unter İstanbulern. In den Sommermonaten kann es inzwischen zwar ziemlich voll werden, das Dorf ist aber immer noch die Perle am Golf von Edremit.

In der Antike war Assos ein berühmtes Wissenschaftszentrum. Auch Aristoteles hat dort drei Jahre gelehrt. Der dorische *Athene-Tempel* hoch über der Stadt stammt aus dem 6. Jh. v. Chr. *(Eintritt 4 Euro)*. Direkt am Hafen liegt das *Nazlıhan Hotel* *(* | *29 Zi.* | *davon acht mit Meerblick* | *Iskele Mevkii* | *Ayvacık* | *Tel. 0286/721 73 85* | *Fax 721 73 87* | *www.assosedengroup.com* | €€*)*.

BOZCAADA UND GÖKÇEADA ★ **[114 A4]**

Fast alle Ägäisinseln gehören zu Griechenland. Bozcaada (früher: Tenedos) und das größere Gökçeada (Imros) sind zwei Ausnahmen. Bekannt ist die stets windumtoste Insel Bozcaada für ihren Wein und den frischen Fisch. Viele İstanbuler haben hier Häuser gekauft und sie liebevoll restauriert. In einem wunderschön restaurierten Gebäude ist das Hotel *Kaikias* untergebracht *(WLAN | 18 Zi. | Kale Arkası | Tel. 0286/697 02 50 | Fax 697 88 57 | www.kaikias.com | €€)*. Die Insel Gökçeada eignet sich sehr für Radtouren und Wanderungen. In einem altgriechischen Dorf auf einem Hügel liegt die Pension *Barba Yorgo*, ein guter Ausgangspunkt für Aktivurlaub *(8 Zi. | 6 App. | Tepeköy | Tel. 0286/887 35 92 | €). Autofähren nach Bozcaada ab Geyikli (ca. 50 km von Çanakkale mit dem Bus vom Busbahnhof/Garaj): Fahrtzeit 30 Min. | nach Gökçeada von Çanakkale: Fahrtzeit ca. 1,5 Std. | www.bozcaada.info*

Versteckspielen wie die Griechen: im Modell des Trojanischen Pferdes

TROJA ★ **[114 A4]**

Das durch Homers Epos „Ilias" berühmt gewordene Troja (türk. Truva, 20 km von Çanakkale) liegt an der Mündung der Dardanellen in die Ägäis. 3000 v. Chr. erstmals besiedelt, wurde Troja bis 500 n. Chr. neunmal zerstört und wieder aufgebaut. Heute ist nur die sechste Schicht zu besichtigen. Wer allerdings aufregende Spuren des Trojanischen Krieges zu sehen erwartet – oder gar Teile des sagenumwobenen Schatzes des Priamos –, der wird enttäuscht sein. Die von dem Deutschen Heinrich Schliemann 1870 begonnenen Ausgrabungen wurden bis zu dessen Tod 2005 von dem Tübinger Archäologen Manfred Korfmann fortgesetzt, der in der Region als „Osman Hodscha" geliebt und verehrt wurde. *Tgl. 9–18 Uhr Exkursionen von Çanakkale mit Troy-Anzac Seyahat Acentası | Eintritt 6,50 Euro | Saat Kulesi Yanı | Tel. 0286/217 14 47 | www.troyanzac.com*

İSTANBUL

KARTE IN DER HINTEREN UMSCHLAGKLAPPE

[115 D–E2] Die auf zwei Kontinente gebaute Zwölf-Millionen-Einwohner-Stadt ist das unbändige Herz der Türkei. Als Konstantinopel war sie Hauptstadt des byzantinischen Imperiums, darauf folgte die Herrschaft der Osmanen, die ihr den Namen İstanbul gaben. Bis heute ist sie die Verbindung zwischen Orient und Okzident. Ausführliche Informationen zu İstanbul finden Sie im MARCO POLO Band „İstanbul".

SEHENSWERTES

AYASOFYA (HAGIA SOPHIA) ★ [U D4]

Größte Basilika des byzantinischen Reichs. Mehmed der Eroberer ließ sie in eine Moschee umwandeln. Ehemals eine Kirche, später eine Moschee, ist sie heute ein Museum. *Di bis So 9–16, Galerie 9–10.30 und 13 bis 15 Uhr | Eintritt jeweils ca. 12 Euro (Sultanahmet)*

KAPALI ÇARŞI (GROSSER BASAR) [U C–D4]

Ein Bummel durch den größten gedeckten Basar der Welt (erbaut 1461) gehört zum Pflichtprogramm jedes İstanbul-Besuchs: 30 Hektar groß, 61 Straßen, 4 400 Läden. Zu kaufen gibt es vor allem Teppiche, Leder und Juwelen. *Tgl. 8.30–19 Uhr*

SULTANAHMET CAMII (BLAUE MOSCHEE) [U D5]

Die bekannteste Moschee der Stadt erhielt ihren Namen von den prachtvollen blauen Fayencen, die die Wände und die sechs Minarette schmücken. Der Bau wurde 1616 vollendet.

TOPKAPI SARAYI (TOPKAPI-PALAST) ★ [U D–E4]

Sitz der osmanischen Herrscher für über 400 Jahre. Die Anlage ist nicht einem einzigen Bauplan entsprungen, sondern wuchs hinter den weitläufigen Mauern schrittweise zu dem verwirrenden Komplex aus Toren, Höfen und Pavillons im Grünen. Zu den ausgestellten Kostbarkeiten des Topkapı gehören Schmuck und Keramik, eine Waffensammlung, osmanische Miniaturen, Kalligrafien und Reliquien des Propheten Mohammed. *Mai–Okt. Mi–Mo 9–19, Nov. bis April tgl. 9–17 Uhr | Harem 9.30 bis 15.30 Uhr | Eintritt 7,50 | Harem 6,50 | Schatzkammer 6,50 Euro | www.topkapisarayi.gov.tr*

YEREBATAN SARAYI (VERSUNKENER PALAST) [U D4]

Die palastähnliche byzantinische Zisterne wird von 336 Säulen getragen, meistenteils mit korinthischen Kapitellen (reich verzierter Kopf der Säule) geschmückt. Sie wurde 532 von Kaiser Justinian erbaut, um den

Großer Basar: Über 4000 Läden werben hier um Kundschaft

Wassernotstand der Stadt zu beheben. *Tgl. 9–17.30 Uhr | Eintritt 5 Euro | www.yerebatansarnici.com*

ESSEN & TRINKEN

BONCUK (Insider Tipp) [U D2]
In einer turbulenten Restaurantgasse gelegen. Köstliche Fischgerichte. *Nevizade Sok. 19 | Beyoğlu | Tel. 0212/243 12 19* | €€

HACI BABA [U D2]
Gute klassische türkische Küche in netter Umgebung. *Istiklal Cad. 49 | Beyoğlu | Tel. 0212/244 18 86* | €€

PESCATORE [O]
Ausgezeichnetes Fischlokal am Bosporus. Von Paella über gefüllte Calamares bis hin zu Fisch im Sud bekommen Sie hier alle Varianten von Meeresfrüchten. *Kirecburnu | Kefeliköy Caddesi 29 A (Sariyer) | Tel. 0212/223 18 19* | €€€

ÜBERNACHTEN

FOUR SEASONS [U D4]
Aus der ehemaligen Haftanstalt machte die internationale Kette eine Nobelherberge mit einem Spitzenrestaurant. *75 Zi. | Tevkifhane Sokak 1 (Sultanahmet) | Tel. 0212/ 638 82 00 | Fax 638 12 10 | www.fourseasons.com/istanbul* | €€€

SINBAD YOUTH HOSTEL [U D5]
Die billige und saubere Herberge mit 92 Betten liegt in der historischen Altstadt und ist Mitglied der „Hostels of Europe“. *Küçükayasofya Mah. | Reşit Sok. 3–5 | Sultanahmet | Tel. 0212/518 23 05 | Fax 638 27 21* | €

TAXIM HILL [U E2]
Komfortables Cityhotel am Taksim-Platz mit Bar/Restaurant auf der 9. Etage. *50 Zi. | Sıraselviler Cad. 9 | Taksim | Tel. 0212/334 85 00 | Fax 334 85 98 | www.taximhill.com* | €€

ZIELE IN DER UMGEBUNG

KANLICA **[0]**

Das ehemalige Dorf auf der asiatischen Bosporusseite mit Blick aufs Wasser ist für seinen Joghurt und seinen Mokka weithin berühmt. Kanlıca und das benachbarte Çengelköy konnten ihren dörflichen Charakter weit gehend bewahren – nur an den Sommerwochenenden wird es durch die zahlreichen Ausflügler recht voll. Von Eminönü legen regelmäßig Fähren nach Kanlıca (Boğaz) ab.

Insider Tipp **ORTAKÖY** **[0]**

Die schön restaurierten Häuser und die engen Gassen im Schatten der Bosporusbrücke lassen unter der Woche die verträumte Atmosphäre eines Kleinstadtviertels aufkommen. Kunsthandwerksläden, Cafés und Kneipen verwandeln Ortaköy am Wochenende in einen pulsierenden Ort. *15 Min. Fußweg vom Fähranleger Beşiktaş.* Auskunft: *Sultanahmet Meydanı | Tel. 0212/518 18 02*

Alles frisch, Sie dürfen sich gerne selbst überzeugen: Probieren Sie

İZMIR

[122 B2] **Die drittgrößte Stadt der Türkei (ca. 4 Mio. Einwohner) ist einer der wichtigsten Hafen- und Handelsplätze und Sitz des Südosteuropa-Hauptquartiers der Nato.** Der Golf von İzmir zählt zu den schönsten Buchten der Ägäis. Einst „Perle der Ägäis" genannt, ist İzmir eine westlich geprägte Metropole, das industrielle und kaufmännische Herz der gesamten Küstenregion. Als Wahrzeichen der Stadt gelten der

Saat Kulesi (Uhrturm) auf dem *Konak-Platz* und das Atatürk-Denkmal auf dem *Cumhuriyet-Platz*. Für ausführliche Informationen siehe MARCO POLO Band „Türkische Westküste".

SEHENSWERTES

ARKEOLOJI MÜZESI (ARCHÄOLOGISCHES MUSEUM)

Sehr beachtenswerte Sammlung von wertvollen Fundstücken aus der Griechen- und Römerzeit. Besonders interessant ist die Statuensammlung im Erdgeschoss. *Di–So 9–12 und 13–17 Uhr | Eintritt 5 Euro | Bahribaba Park (Konak) | www.kultur.gov.tr*

BASAR

Der Kemeraltı-Basar steht der Atmosphäre auf den İstanbuler Basaren in nichts nach. Die Werkstätten liegen hinter den Verkaufsständen. Berühmt sind die Insider Tipp handgemachten Wasserpfeifen. Im Basarviertel liegen die drei ältesten Moscheen der Stadt, die *Hisar Camii* aus dem 16. Jh. sowie die *Kemeraltı* und *Şadırvan* aus dem 17. Jh.

KADIFEKALE

Die „Samtburg" auf dem Pagos-Berg bietet eine schöne Aussicht auf Stadt und Bucht. Erbaut von Alexander dem Großen erhielt die Siedlung später Ergänzungen aus römischer und byzantinischer Zeit.

ESSEN & TRINKEN

DENIZ RESTAURANT

Das beste Fischrestaurant der Stadt, am Kordon, Blick aufs Meer inklusive. *Atatürk Cad. 188 B | Alsancak | Tel. 0232/422 06 01 | www.denizrestaurant.com.tr* | €€€

MANISA KÖFTECISI

Insider Tipp

Berühmte „Bulettenschmiede" seit 1870. *Kıbrıs Şehitleri Cad. 93/A, Tel. 0232/464 49 48* | €

> BÜCHER & FILME

Die Türkei in Wort und Bild

> **Istanbul** – Literaturnobelpreisträger Orhan Pamuk erzählt voller Melancholie von seiner Geburtsstadt. In das autobiografische Essay sind neben Passagen aus den Büchern von Türkeireisenden auch Anekdoten aus den 1950er- und 60er-Jahren eingewoben.

> **Kleine Geschichte der Türkei** – Klaus Kreiser und Christoph K. Neumann machen Sie mit der Vergangenheit des Landes bekannt.

> **Atatürk** – Die Monografie von Bernd Rill mit Selbstzeugnissen und Bilddokumenten gibt erstklassig Auskunft über den Staatsgründer und damit Einblick in die türkische Seele.

> **Im Juli | Gegen die Wand | Crossing the Bridge** – Der preisgekrönte deutschtürkische Regisseur Fatih Akin rückt in seinen Filmen Istanbul und seine Bewohner liebevoll ins Licht.

> **Uzak** – Das Land wurde vielfach zur Kulisse des Films, am schönsten jedoch kommt seine Melancholie in den Filmen türkischer Regisseure zum Ausdruck, beispielsweise in diesem von Nuri Bilge Ceylan.

ÜBERNACHTEN

İZMIR HILTON

Hilton-Komfort mit herrlichem Blick über die Bucht. *381 Zi. | 60 Suiten/App. | Gaziosmanpaşa Blv. 7 | Alsancak | Tel. 0232/497 60 60 | Fax 497 60 00 | www.hilton.de/izmir | €€€*

KOCAMAN HOTEL

Solides Mittelklassehotel im Zentrum von İzmir. *77 Zi. | Gaziler Cad. 1195 Sok. 2 | Yenişehir | Tel. 0232/433 00 65 | Fax 433 98 48 | €€*

AM ABEND

ÇIÇEK PASAJI

Seinem Namensvetter in İstanbul nachempfunden, bietet das Kneipenviertel Bier und Gesang bis in die späten Abendstunden hinein. *Kordon Boyu (Pasaport)*

LE MEYHANE

Bar, die hauptsächlich von jungem Publikum besucht wird. *Atatürk Cad. 390 | 1. Kordon (Alsancak)*

AUSKUNFT

Gazi Osmanpaşa Blv. 1/1 D (im Hotel Büyük Efes) | Tel. 0232/484 21 48 | Fax 489 92 78 | www.izmir.gen.tr

ZIELE IN DER UMGEBUNG

Zu den angebotenen Tagestouren ab İzmir gehören Fahrten zu den antiken Stätten Ephesos, Pergamon und Pamukkale, z. B mit *Akın Tour | Kızılay Cad. 5/3 | Alsancak | Tel. 0232/421 86 94.* Die Preise variieren zwischen 25 und 50 Euro pro Person.

ÇEŞME [122 A–B2]

Badeort (65 000 Ew.) an der Spitze der gleichnamigen Halbinsel mit einem großen Angebot an Hotels, Restaurants, Freizeitmöglichkeiten und vielen Stränden in der Nähe. Übernachten können Sie im modernen *Pırıl-Hotel* mit Kinderpool *(| 139 Zi. | Inönü Mahallesi | İevre Karayolu | Tel. 0232/712 75 74 | Fax 712 79 53 | www.pirilhotel.com | €€).* In schöner Lage bei den Ruinen der Burg bietet das *Kale Restoran* mit Gartenlokal traditionelle türkische Küche *(Tel. 0232/712 63 01 | €€).* Auskunft: *İskele Meydanı 8 (am Hafen) | Tel./Fax 0232/712 66 53*

Besonders einladende Strände gibt es in dem nahe gelegenen Ort *Ilıca,* der auch für seine Thermalquellen bekannt ist. Ausgezeichnete Erholung bietet das *Biothermal & Thalasso Center* im *Altınyunus-Hotel (| 474 Zi. | 57 App. | Kalemburnu Mevkii | Boyalık | Tel. 0232/723 12 50 | Fax 723 22 52 | www.altinyunus.comtr | €€).*

In den letzten Jahren immer beliebter wurde der Ort Alaçatı mit seiner bezaubernden Altstadt. Insider Tipp Sehr schön das Boutiquehotel *Beyaz Han (| 9 Zi. | Kemalpaşa Cad. | Tel./Fax 0232/716 84 53 | €€).*

Busverbindungen zur Çesme-Halbinsel ab İzmir von der Station am Fahrettin Altay Meydanı. Fahrten zwischen Juni und Sept. nach Çesme im Halbstundentakt (Auskunft: İskele Meydanı 8 | Tel. 0232/712 66 53 | www.cesme.gov.tr).

EFES (EPHESOS) [122 B–C3]

Der Besuch der Ruinen *(Hauptsaison tgl. 8.30–19 Uhr | Nebensaison 10–16.30 Uhr | Eintritt 10 Euro | www.epesos.at)* der altgriechischen Stadt Ephesos (70 km von İzmir) gehört zu den Höhepunkten einer Türkeireise. Im Altertum lag das einstige Finanz- und Handelszentrum mit einer Viertelmillion Einwohner noch am Meer. Durch Versandungen liegt es heute 10 km landeinwärts – nahe dem Städtchen Selçuk. Die Ruinen des monumentalen *Artemis-Tempels* aus dem 3. Jh. v. Chr. zählen zu den Sieben Weltwundern der Antike. Prachtvoll sind auch *Theater, Gymnasion (Sportstätte), Bäder, Agora* und die hervorragend rekonstruierte *Celsus-Bibliothek.* Apostel Paulus und der Evangelist Johannes sollen sich in Ephesos mehrere Jahre aufgehalten haben. Ganz neu zu besichtigen sind die *Patrizierhäuser* aus dem 1. Jh. n. Chr. *(Eintritt 12 Euro)*.

Sehenswert in *Selçuk* (18 000 Ew.): die Reste der *Johannes-Basilika,* einer der größten byzantinischen Kirchen, und das *Archäologische Museum (tgl. 8.30–17.30 Uhr, hier befindet sich auch das Informationsbüro),* zu dessen Attraktionen die Artemis-Statuen gehören *(Eintritt je 5 Euro)*.

Ein neues 5-Sterne-Hotel direkt am Strand von Selçuk-Pamucak ist das *Richmond Ephesos (255 Zi. | Pamucak Mevkii | Tel. 0232/893 10 60 | Fax 893 10 54 | www.richmondhotels.com.tr | €€€).*

Auskunft: *Atatürk Mah. | Agora Çarşısı 35 | Tel. 0232/892 63 28 | Fax 892 69 45*

Das *Marienhaus,* vermutlicher Sterbeort Marias, dessen Grundmauern aus dem 1. Jh. n. Chr. stammen sollen, liegt 7 km südwestlich von Selçuk und ist eine Wallfahrtsstätte sowohl für Muslime als auch für Christen.

Klassisches Altertum: Ruinen von Ephesos

FOÇA **[122 B2]**

Das alte Fischerdorf (Phokaia, 35 000 Ew.) hat trotz zahlreicher Neubauten seinen Charme bewahrt. Die vorgelagerten Inseln eignen sich ausgezeichnet für einen abgeschiedenen Picknickausflug. Empfehlenswert ist die Anlage *Hanedan Resort (| 134 Zi. | 4. Mersinaki Koyu | Tel. 0232/812 36 50 | Fax 812 24 51 | www.hanedanresort.net | €€).* Sie liegt gleich neben dem Club Med und besitzt einen eigenen, sehr sauberen Strand. Auskunft: *Atatürk Bul. | Foça Girişi 1 | Tel. 0232/812 12 22*

KUŞADASI **[122 B–C3]**

Neben Bodrum und Marmaris ist Kuşadası (50 000 Ew., 80 km von İzmir) eine der Touristenhochburgen der Ägäis. Trotz vieler Betonburgen hat Kuşadası eine Menge zu bieten:

Welt aus Kalk und Wasser: Pamukkale

Sport- und Freizeitmöglichkeiten, Hotels aller Größe und Güte, einen modernen Yachthafen, sehr gute Lokale und ein vielseitiges Nachtleben. Nicht zu vergessen die antiken Sehenswürdigkeiten der Umgebung: Ziele wie Ephesos, Milet oder Pamukkale lassen sich von hier aus gut ansteuern.

Kazım Usta (Balıkçı Limanı | Tel. 0256/614 12 26 | €€) ist *das* Fischrestaurant von Kuşadası und steht direkt am Hafen. Ein Riesenkasten, aber sehr komfortabel und ideal gelegen ist das *KoruMar-Hotel* am Meer *(📶 | 272 Zi. | Gazi Begendi Mevkii | PK 18 | Tel. 0256/618 15 30 | Fax 618 11 10 | www.korumar.com.tr | €€€).*

Unbedingt zu empfehlen ist ein Abstecher in das etwa 10 km östlich gelegene Dorf Şirince mit seinen pittoresken Häusern am Hang *(Busse vom Busbahnhof).* Auskunft: *Liman Cad. 13 | Tel. 0256/614 11 03 | Fax 614 62 95 | www.kusadasi.net*

Insider Tipp

MILET UND DIDIN (DIDYMA) [122 B4]

Gut 100 km von İzmir entfernt liegen zwei weitere berühmte antike Stätten: Milet war einst die größte aller ionischen Städte, eine blühende Handelsstadt mit gut 80000 Ew. Sie lag früher auf einer Halbinsel, jetzt 10 km landeinwärts. Aus den Ruinen sticht das Theater hervor, der Rest ist im Pergamonmuseum in Berlin. Didyma, 18 km von Milet, ist die größte antike Tempelanlage der Türkei. Das Orakel des Apollotempels von Didyma war so berühmt wie das in Delphi. Viele Statuen befinden sich heute im Besitz des British Museum in London *(Eintritt jeweils 2 Euro).*

PAMUKKALE ★ [123 E3]

Das „Baumwollschloss“ bei der Stadt Denizli (235 km von İzmir) ist ein faszinierendes Naturschauspiel: schneeweiß leuchtende, terrassenartige Kalksteinbassins, geformt durch die Ablagerungen des kalkhaltigen Thermalwassers. Die heilende Wirkung des 35 Grad warmen, kalziumbikarbonathaltigen Wassers haben schon die Römer, die hier im 2. Jh. n. Chr. die Stadt *Hierapolis* bauen ließen, zu nutzen verstanden. Lohnend ist auch die Besichtigung des *Theaters von Hierapolis* sowie die nördlich gelegene *Nekropole*, die zu den größten in der Türkei zählt und durch die unterschiedlichen Grabformen fasziniert *(Eintritt 4 Euro).*

Übernachten kann man im zentral gelegenen Thermalhotel *Koray (📶 |*

53 Zi. | Tel. 0258/272 22 22 | Fax 272 20 95 | www.korayhotel.com | €€). Thermalquellen zum Baden bieten aber auch Hotels weiter außerhalb, z. B. *Spa Hotel Colossae Thermal (📶 | 230 Zi. | Karahayit-Pamukkale | Tel. 0258/271 41 56 | Fax 271 42 50 | www.colossaehotel.com | €€€).*

PERGAMON **[122 B1]**

Die Ruinen der antiken Stadt Pergamon liegen auf einem Berg, der über der türkischen Stadt *Bergama* (80 000 Ew., 100 km von İzmir) aufragt. Hier war das Zentrum des mächtigen Pergamenischen Reiches (263–133 v. Chr.), wo Handel und Künste blühten. Berühmt war die 200 000 Schriftrollen umfassende Bibliothek der Stadt. Das Pergament, besonders behandelte, hauchdünne ungegerbte Tierhaut) wurde hier erfunden. Der imposante Relieffries des Altars befindet sich heute im Berliner Pergamonmuseum *(www.pergamonmuseum.de)*. Vergeblich haben sowohl die türkische Regierung als auch die Bewohner von Bergama in der Vergangenheit versucht, dieses Prunkstück, das Ende des 19. Jhs. von Carl Humann fortgeschafft wurde, zurückzubekommen. Dieser Streit ist noch nicht zu Ende.

Aber auch ohne Altar gibt es noch viel zu bewundern: insbesondere die *Akropolis (Eintritt ca. 8 Euro)* und das an ihrem Hang steil abfallende riesige ✵ *Theater*. Auf den 80 Sitzreihen des Auditoriums fanden bis zu 15 000 Menschen Platz. Im *Archäologischen Museum* sind hervorragende Statuen und eine große Münzsammlung *(Di–So 9–12 und 13–17.30 Uhr | Eintritt ca. 5 Euro | Cumhuriyet Cad. 6 | Tel. 0232/631 28 83)* zu sehen.

Bunte Häuserwand in Bergama

> WIE PERLEN AN EINER SCHNUR

Das Angebot der „Türkischen Riviera" für Sonnenanbeter und Kulturinteressierte ist kaum zu übertreffen

> Die 800 km lange türkische Mittelmeerküste ist ein Publikumsrenner. Antalya kennen auch diejenigen, die noch nie dort waren – und das können so viele nicht sein. 2006 besuchten fast 7,5 Mio. Touristen allein Antalya und Umgebung – über die Hälfte sind Deutsche.

Dieser Landstrich ist gesegnet mit einer schier unübersehbaren Zahl von Fundstätten des Altertums und Küstenorten, die auch im großen Ferienansturm nichts von ihrer Faszination verlieren. Im Hinterland scheinen die bis zu 3000 Metern hohen Gipfel des Taurusgebirges auf. In dem subtropischen Klima gedeihen sowohl Zitrusfrüchte als auch Bananen, Regen fällt nur selten, und die Saison dauert vom Frühjahr bis Anfang Dezember.

Der erlesenste Abschnitt der türkischen Mittelmeerküste liegt zwischen Marmaris und Antalya: das antike Lykien, das um 1400 v. Chr. seine größte Ausdehnung hatte, und

Bild: Strand von Ölüdeniz

SÜDKÜSTE

das man heute auf einem extra dafür angelegten „Lykischen Wanderpfad" erkunden kann (z. B. mit *Deep Nature Tours* in İstanbul, *Tel./Fax 0212/ 243 68 85* | *www.deepnature.com*). Klippen, Halbinseln, Traumstrände und fischreiche Lagunen wechseln sich an der Küste ab. Die Pinienwälder reichen oft bis ans Wasser, die versteckten, kleinen Buchten sind von Land aus manchmal nur auf einer Schotterpiste zu erreichen. Berühmt ist Lykien auch wegen seines Orakels des Apollon geworden.

Ausführliche Informationen über diese Region finden Sie im MARCO POLO Band „Türkische Südküste".

ALANYA

[124 B–C5] **In Alanya (120 000 Ew.) haben sich ca. 18 000 Deutsche niedergelassen, weshalb die Stadt zum Teil an Mallorca erinnert.** Die Seldschukenfestung mit

ALANYA

Beliebter Zeitvertreib: Fußballmatch am Strand von Anamur

ihren kilometerlangen Mauern und 146 Türmen ist das Wahrzeichen der Stadt. Wer Abwechslung von den endlos langen Stränden sucht, kann in die idyllische Bergwelt unterhalb des 2647 m hohen Ak Dağı ausweichen.

SEHENSWERTES

ALANYA KALESI (FESTUNG) ★

Von der westlichen Seite der hoch aus dem Meer ragenden Zitadelle hat man einen wunderbaren Rundblick *(tgl. 8–19 Uhr | Eintritt 4 Euro)*. Imposant ist der *Rote Turm* (Kızıl Kule), ein achteckiger, 35 m hoher Wehrbau aus dem Jahr 1224, der eine zentrale Funktion in der Stadtbefestigung einnahm *(tgl. 9–19 Uhr | Eintritt ca. 2,50 Euro | am Hafen)*.

Sehenswert ist auch die davon südlich gelegene seldschukische *Werft* (Tersane) aus dem Jahr 1227.

DAMLATAŞ MAĞARASI (TROPFSTEINHÖHLE) Insider Tipp

Wegen des hohen Anteils an Kohlensäure und natürlicher Radioaktivität soll sich ein Besuch dieser Höhle besonders für Asthmakranke lohnen. Einige Stalaktiten sind 15 m lang. *Am Nordwestfuß des Burghügels*

ESSEN & TRINKEN

KALE PANORAMA ★

Auf dem Burghügel liegt das Gartenlokal. Es bietet türkische Küche, Gegrilltes spielt die Hauptrolle auf der Speisekarte. *Kale Yolu | Tel. 0242/ 511 54 93* | €€

ÜBERNACHTEN

BEDESTEN OTEL

Die ehemalige Karawanserei auf dem ★ Burghügel hat einen schönen Pool mit Blick über die ganze Stadt. *30 Zi. | Iç Kale | Tel. 0242/512 12 34 | Fax 513 79 34* | €€

AUSKUNFT

Neben der Damlataş-Höhle | Damlataş Cad. 1 | Tel. 0242/513 12 40 | Fax 513 54 36 | www.info-alanya.net | www.lykien.com

ZIELE IN DER UMGEBUNG

ANAMUR [124 C6]

Die südlichste Spitze der Türkei (84 000 Ew., 130 km von Alanya) war schon in der Antike ein wichtiger Hafen: Die Griechen errichteten hier das alte *Anemourion*, dessen Ruinenstätte man heute 8 km westlich von Anamur besichtigen kann *(Di–So 9 bis 19 Uhr | Eintritt 2,50 Euro)*. Die östlich von Anamur direkt am Meer gelegene Festung, *Mamure Kalesi (Di–So 9–12, 13–17.30 Uhr | Eintritt 3 Euro)*, wurde im 13. Jh. von Kreuzrittern erbaut. Beim Stadtteil *İskele* gibt es einen Strand, Campingplätze und kleine Pensionen. Eine komfortable Bleibe ist das *Vivanco Hotel (66 Zi. | Kalebidi Meyydanı Bozyazı | Tel. 0324/851 42 00 | Fax 851 22 91 | www.vivancohotel-anamur.com | €€)*.

GEDEVET [124 C5]

Hoch auf dem Gedevet-Berg (1010 m) liegt das gleichnamige Dorf (20 km von Alanya), das eine phantastische Aussicht auf das Meer bietet. Eine hübsche Pension, auch als Ausgangspunkt für Wandertouren, ist das „Adlernest" *Kartal Yuvası Apart Otel (12 App. | Tel./Fax 0242/513 71 83 | €)*.

MANAVGAT ŞELALESI (MANAVGAT-WASSERFÄLLE) [124 B5]

Die Wasserfälle sind ein beliebtes Ausflugsziel, dem man sich von Manavgat aus auch auf dem Wasser nähern kann (Bootsanleger an der Flussbrücke). Trotz des Trubels hat der Platz seinen Charme: In den schattigen Restaurants am tosenden Wasser schmecken frische Forellen. Insider Tipp *Bus- und Dolmuşverbindungen von Side (10 km) und Alanya (50 km)*

MARCO POLO HIGHLIGHTS

★ Aspendos
Das antike Theater ist eines der am besten erhaltenen Theater des Altertums und hat auch nach 1800 Jahren noch eine einwandfreie Akustik (Seite 53)

★ Olympos
Hier finden Sie einen der schönsten Strände der Türkei, und gleich dahinter liegen die beeindruckenden Ruinen des antiken Olympos (Seite 57)

★ Patara
Der feine Sandstrand ist 18 km lang, einen halben Kilometer breit und besitzt sogar Dünen (Seite 56)

★ Ölüdeniz
Die berühmteste Bucht der Türkei, azurblau und mit leuchtend weißem Sandstrand (Seite 55)

★ Dalyan
Entzückendes Dorf in einmaliger Lage zwischen Felsgräbern, Strand und schilfbewachsenem Binnensee (Seite 58)

ANTALYA

[124 A5] **Die Urlauberhochburg Antalya (2 Mio. Ew.) legt sich um den innersten Winkel des gleichnamigen Golfs, dahinter die schneebedeckten Gipfel des Taurus, im Westen brechen die lykischen Berge steil ins Meer ab.** Der reizvolle Charakter der Altstadt ist trotz des großen Ansturms von Touristen erhalten. Die Gassen mit ihren hübschen Erkerhäusern, häufig Pensionen, und die Hafenanlage verströmen mediterrane Atmosphäre.

Der Trubel stört Sie nicht: Backgammonspieler in Antalya

SEHENSWERTES

ARKEOLOJI MÜZESI (ARCHÄOLOGISCHES MUSEUM)

Reich an griechischen und römischen Werken, beherbergt das Museum daneben auch prähistorische Funde aus den Höhlen des Taurus. *Di–So 9–12.30 und 13.30–17 Uhr | Eintritt 10 Euro | Cumhuriyet Cad. Ecke Konyaaltı*

Insider Tipp

KALEIÇI

Die Altstadt gleicht einem Freilichtmuseum. Besonders sehenswert sind das *Hadrianstor* (160 n. Chr., *Cumhuriyet Cad.*) und das *„Gerillte Minarett“ (Yivli Minare | Atatürk Cad.)* aus dem Jahr 1220, das Wahrzeichen Antalyas.

ESSEN & TRINKEN

HISAR

Das Restaurant mit internationaler Küche und einer phantastischen Aussicht liegt direkt über dem Hafen.

Kaleiçi | Cumhuriyet Cad. | Tel. 0242/241 52 81 | €€€

TEEGÄRTEN

Tophane und *Mermerli (Cumhuriyet Cad. an der alten Stadtmauer)* haben einen schönen Blick auf den Hafen und bieten preiswerte Imbisse an.

ÜBERNACHTEN

THE MARMARA ANTALYA

Neues, schickes Hotel am Meer mit großem Sport- und Fitnessangebot. Abends Disko und Animation. *238 Zi. | Eski Lara Caddesi | Sirinyali Mah. 136 | Tel. 0242/249 36 00 | Fax 316 81 04 | www.talya.com.tr |* €€€

TÜTAV TÜRK EVI

Meisterlich restauriertes Altstadthaus mit Pool im Patio. *20 Zi. | Mermerli Sok. 2 (Kaleiçi) | Tel. 0242/248 65 91 | Fax 241 94 19 | www.themarmarahotels.com |* €€€

FREIZEIT & SPORT

„BLAUE REISE"

Die Bootstouren führen bis nach Fethiye im Westen. *Deniz Yat | Büyük Liman Setur Marina | Tel. 0242/259 19 00 | Fax 259 19 06 | www.denizyat.com.tr*

RAFTING

Wildwasserabfahrten auf dem Köprüçay-Fluss bietet z.B. *Med Raft | Konyaaltı Cad. | Derya App. A Blok 68/16 | Tel. 0242/248 00 83 | Fax 242 71 18 | www.medraft.com*

AM ABEND

CLUB 29

Riesenfreiluftdisko auf dem Areal des gleichnamigen Restaurants am Hafen. *Eintritt 15 Euro | Liman | Kaleiçi*

MR WHITE'S BAR

Antalyas größte Bar. Jeden Abend Livemusik. *İskele Cad. 31–33*

AUSKUNFT

Cumhuriyet Cad. Özel İdare Altı 2 | Tel./Fax 0242/241 17 47 | www.antalya.de | www.antalya.bel.tr

ZIELE IN DER UMGEBUNG

ASPENDOS ★ **[124 A5]**

Das Theater von Aspendos (50 km östlich von Antalya) zählt zu den am besten erhaltenen der Antike und umfasst 30000 Sitze. Im Juni

> LOW BUDGET

- Im *Plaj Oteli* bei Cirali kann man zu zweit ab 30 Euro übernachten, einen großen Garten mit Hängematten gibt es auch. *10 Zi. | Cirali Plaj Mevkii 2 | Kemer | Tel. 0242/825 71 14 | www.plajotel.com*
- Gegen 8 Uhr in Kaş am Kai sein, am Boot ein Ticket kaufen und um 10 Uhr in See stechen! Für 5 Euro geht es vom Anleger aus auf eine Tour nach Kekova, ein leckeres Mittagessen mit gegrilltem Huhn, Salat und Obst inklusive. Diverse Anbieter, z.B. *Likya | Kas Liman.*
- 4 Tage und 3 Nächte auf einem Boot in der Bucht von Fethiye sein, schwimmen, segeln, Fisch essen, Wein trinken – alles für nur 150 Euro. Die schönste Zeit: Oktober! *Albatros Yachting | Dispanser Sokak 24 | Fethiye | Tel. 0252/612 22 44 | www.albatrosyachting.com*

findet vor dieser Kulisse ein Ballett- und Opernfestival statt *(Eintritt 7 Euro)*.

Sehenswert sind auch die Reste eines römischen *Aquädukts*, die Sie nach ein paar Schritten von einer kleinen Anhöhe in der Nähe des Theaters aus sehen können.

10 km weiter oben liegen die Reste des antiken Theaters von *Selge (Eintritt ca. 10 Euro)* auf einem atemberaubenden Höhenzug. Die Bewohner des Plateaus nutzen heute noch Teile der terrassenförmigen Anlagen für ihre Landwirtschaft. *www.mugla-turizm.gov.tr*

Kein antikes Theater in der Türkei ist so gut erhalten wie das von Aspendos

Insider Tipp

KÖPRÜLÜ KANYON MILLI PARK (KÖPRÜLÜ-CAÑON-NATIONALPARK) [124 B4]

Diese Naturlandschaft (50 km von Antalya) ist eine wunderbare Abwechslung zum Strandleben. Über den oberen Teil der Schlucht führt eine schmale Steinbrücke *(köprü)* aus römischer Zeit. Unten, am sprudelnden Köprüçay-Fluss, haben sich Restaurants angesiedelt. Wer ohne Kanu kommt, kann in dem klaren, kühlen Wasser baden.

PERGE [123 F4]

Eine der größten antiken griechischen Städte Anatoliens ist heute ein beeindruckendes Openairmuseum. Das Stadion, einst Schauplatz von Gladiatorenkämpfen, ist das am besten erhaltene der Türkei. Die Ruinen liegen über ein weites Feld verstreut; sie sind klassifiziert und warten auf ihre Wiederaufstellung, wofür international Geldgeber gesucht werden. In Perge finden Sie keinen Schatten, deshalb ist ein Schirm oder Hut angesagt. *Tgl. 8–18 Uhr | Eintritt 6 Euro | Richtung Alanya bis Aksu, von dort über eine ausgeschilderte Straße 3 km | Sammelbusse vom Busbahnhof (Garaj) Antalya | http://side-info.de*

Insider Tipp

TERMESSOS [123 F4]

In einer Höhe von 1000 m zwischen steilen Kalkfelsen liegt die antike Stadt Termessos, von Alexander dem Großen „Adlernest" genannt. Zu den sehenswerten Ruinen gehören ein Theater, die Agora und eine Nekropole *(Eintritt 3 Euro). Dolmuş und Touren von Antalya aus (30 km)*

FETHIYE

[123 E5] **Dieser größte Ort der lykischen Küste (151 000 Ew.) liegt an einem malerischen Meeresgolf. Durch ein Erdbeben 1957 wurden große Teile der Altstadt zerstört.** Mit seinem regen Nachtleben erinnert Fethiye an Bodrum. Fethiye hat eine große Marina und ist Ausgangspunkt für Touren per Jeep oder Bus zu den näheren Buchten wie Ekincik oder zu den Tälern im Taurusgebirge.

SEHENSWERTES

KAYA MEZARLARI (FELSGRÄBER)

Lohnend ist die Besichtigung der Gräber von Fethiye, die in eine Steilwand am Stadtrand geschlagen sind. Sie gelten als die am besten erhaltenen ihrer Art. Eine Treppe an der Kaya-Allee (in der Nähe der Busstation) führt zum schönsten und größten Felsgrab hinauf, zum *Grab des Amyntas (Eintritt ca. 3 Euro)*. Lykier begruben ihre Toten lieber hoch über statt unten in der Erde – so waren sie den Göttern am nächsten.

ESSEN & TRINKEN

RAFET

Schon seit den 1950er-Jahren eine bewährte Adresse an der Hafenpromenade. Fischspezialitäten und türkische Küche. *Kordon Boyu | Tel. 0252/614 11 06 | €€*

ÜBERNACHTEN

HILLSIDE BEACH CLUB

Eine Superanlage in eigener Bucht: Angepasste Architektur, große Zimmer, herrlich sauberes Wasser. *330 Zi. | Kalemya Koyu | Tel. 0252/614 83 60 | Fax 614 14 70 | www.hillsidebeachclub.com.tr | €€€*

AUSKUNFT

Gegenüber dem Schiffsanleger | Tel./Fax 0252/614 15 27 | www.kultur.gov.tr

ZIELE IN DER UMGEBUNG

ÖLÜDENIZ ★ [123 E5]

Die azurblaue Lagune mit weiß leuchtendem Sandstrand, eingefasst von einem grünen Baumgürtel, ist 12 km vom Zentrum entfernt und weltberühmt. Die umgebende Küstenregion ist teilweise stark bebaut. Das älteste und schönste Hotel im Ort und das einzige direkt an der Lagune ist das *Hotel Meri (| 94 Zi. | Tel. 0252/617 00 01 | Fax 617 00 10 | www.hotelmeri.com | €€).*

Von Ölüdeniz fahren Dolmuş-Boote ins sogenannte *Schmetterlingstal* (Kelebek Vadisi). Diese Bucht verdankt ihren Namen einer gigantischen Schmetterlingskolonie, die die Hänge bevölkert. Der Platz

Insider Tipp

wurde im Jahr 1995 unter Naturschutz gestellt.

PATARA ★ **[123 E6]**
Auf der Küstenstraße nach Kaş sieht es auf einmal aus, als ob die Wüste auf das Meer trifft: Dort dehnt sich der Strand Patara (80 km südöstlich von Fethiye) auf 18 km Länge aus: der schönste Strand der Türkei! Hinter den Dünen liegen die Ruinen des lykischen Hafens Patara: ein Theater, ein Stadttor und eine Schiffswerft *(Eintritt 6,50 Euro)*. Am Strand herrscht Bauverbot. Trotzdem können Sie in dem kleinen, nahen Hotel *Sultan Pataros* übernachten *(| 52 Zi. | Tel. 0242/843 52 35 | Fax 843 52 34 | www.otelpataros.com | €)*.

SAKLIKENT **[123 E6]**
Ein begehbarer Cañon, der sich tief ins Gebirge schneidet und dem ein klarer, eiskalter Fluss entspringt. Das eindrucksvolle Naturschauspiel begeistert besonders die Jüngsten! *40 km südöstlich von Fethiye*

XANTHOS (KINIK) **[123 E5]**
Die Ruinenstätte beim Dorf Kınık (50 km südwestlich von Fethiye) war einst die wichtigste Stadt Lykiens. Einzigartig sind die Pfeilergräber wie das Harpyien-Monument (um 480 v. Chr.): Die Urnen befinden sich oben auf einem frei stehenden Sockel. Harpyien sind Vogeldämonen, die die Toten in den Himmel trugen. Des Weiteren zu sehen: eine gut erhaltene Stadtmauer, ein Theater, Reste der Akropolis. Im British Museum in London befindet sich das Original des berühmten Nereidengrabmals, eines Tempels *(Eintritt 3 Euro)*.

KAŞ

[123 E6] Kaş (8000 Ew.) hat keine Sandstrände und ist ein beschauliches Mittelmeerstädtchen geblieben. Die griechischen Altstadthäuser mit den überdachten Holzbalkonen haben immer noch Charme. Von den Hafenterrassen aus kann man ins Wasser springen und abends im Lichterzauber des Hafens vorzüglich Fisch essen. Sehenswert sind der *Hyposorion-Sarkophag* vom Ende des 4. Jhs. v. Chr. und die Reste des hellenistischen *Theaters* im Westen der Stadt. Wegen der vielen Wracks in der Umgebung ist Kaş auch ein beliebtes Tauchrevier.

ESSEN & TRINKEN

ERIŞ
Spezialitäten aus dem Meer (darunter auch leckere Hummer und Krabben) werden hier, in einem gekonnt restaurierten Altstadthaus, serviert. *Uzunçarşı Cad./Ara Sok. | Tel. 0242/836 21 34 | €€*

MERCAN
Mit Blick auf den Hafen. Spezialität des Hauses ist Schwertfisch, der vor den Augen der Gäste gegrillt wird. *Yat Limanı | Tel. 0242/836 12 09 | €€€*

Insider Tipp

ÜBERNACHTEN

AQUARIUS
Ein Hauch von Mykonos: Herrlicher Blick aufs Meer, großer Pool und eine Holzplattform, von der aus man ins saubere Meer hüpft. *36 Zi. | Çukurbağ Yarımadası | Tel. 0242/836 18 96 | Fax 836 20 21 | www.hotelaquarius.net | €€*

AUSKUNFT

Cumhuriyet Meyydanı 5 | Tel. 0242/ 836 12 38 | www.kas-tuerkei.de

ZIELE IN DER UMGEBUNG

KEKOVA [123 F6]

Von Kaş aus fahren Boote (Dauer etwa 2,5 Std.) hinaus zum Fischerdorf *Kaleköy/Simena*. In der vorgelagerten Bucht befindet sich eine

Kanutour in der Bucht von Patara

Insider Tipp „versunkene Stadt“: Säulen, Treppen und Mauerzüge werden im klaren Wasser sichtbar. Ein Museum für Taucher!

Vor einigen Jahren war *Kaleköy* (das antike Simena) – überragt von einer mittelalterlichen Burg – noch weitgehend unentdeckt vom Fremdenverkehr. Hier haben Sie absolute Ruhe, dafür fließt nicht immer Strom und warmes Wasser. Die *Kale Pansiyon* von Salih Can ist zu empfehlen *(11 Zi. | Tel. 0252/874 21 11 | Fax 874 21 10 | €)*.

OLYMPOS ★ [124 A5]

Verwunschene Ruinenstätte (110 km östlich von Kaş) mit einem wunderschönen Strand. Ungefähr eine Stunde Fußmarsch entfernt liegt die aus der griechischen Mythologie bekannte Stätte *Chimaira*, wo durch Gas gespeiste ständige Erdfeuer brennen. In der Antike vermutete man hier den Aufenthaltsort des Feuer speienden Drachens Chimäre. Kieselstrand. *Eintritt 6,50 Euro | Richtung Antalya 3 km vor Ulupınar Richtung Çıralı | ein Schild weist auf Olympos hin*

MARMARIS

[123 D5] **Wenn der Sommer kommt, dann verwandelt sich die Hafenstadt (30 000 Ew.) in einen trubeligen Urlaubsort, in dem es von allem ein wenig zu viel gibt:** Hotels, Ferienanlagen, Lokale, Sport- und Freizeitmöglichkeiten. Weite Teile der Stadt sind verbaut. Nur die Marina zeigt sich von einer malerischen Seite – und das grüne Hinterland, wo man noch den ungewöhnlichen Duft von Amberbäumen genießen kann. Marmaris bietet sich als Startpunkt für Erkundungen der Gebirgswelt, der unzähligen Buchten und Halbinseln wie Bozburun und Reşadiye an. Zudem ist Marmaris – neben Bodrum und Fethiye – ein Zentrum für *gulet*-Charter.

ESSEN & TRINKEN

BEGONYA

Ein wunderbar ruhiger Platz in der Innenstadt. Die Speisekarte ist eine Symbiose aus türkischer und europäischer Küche. *Hacı Mustafa Sok. 101 | Tel. 0252/412 40 95 | €€€*

MAYMI

Mustafa (MA), Yilmaz (Y), Meltem (M) und Isa (I) heißen die jungen und eifrigen Wirte des Strandlokals. Hier gibt es neben tollem Seeblick auch Gratisliegen und eine gute Küche. *Uzunyali Cad. 128 | Tel. 0252/413 13 43 | €€*

ÜBERNACHTEN

ADRIENNE'S HOUSE

Die komfortable Pension liegt am Rand des Dorfes Turunç und hat einen Pool. *5 Zi. | Gülhak Mah. 41 | Turunç (20 km vom Zentrum) | Tel. 0252/476 79 51 | €€*

DIVAN MARES HOTEL

Die große Anlage mit vielen Grünflächen bietet vom Pool bis zu Tennisplätzen alles, was zu einem perfekten Urlaub gehört. *252 Zi. | 9 Suiten | 159 App. | Pamucak Mevkii | Tel. 0252/455 22 00 | Fax 455 22 01 | www.mares.com.tr | €€€*

FREIZEIT & SPORT

„BLAUE REISE"

Legendär ist Aryas Holzjacht „Nostalgia": 18,50 m lang, 4 Kabinen, pro Person ab 300 Euro/Woche (mit Besatzung). *Arya Tours | Yat Limanı | Barbaros Cad. 45 | Tel. 0252/413 43 58 | Fax 413 45 76 | www.aryatours.de*

TREKKING/MOUNTAINBIKING

Touren auf dem Zweirad mit unterschiedlichen Schwierigkeitsgraden. *Active Tours | Kenan Evren Blv./ Paşabey Hotel | Tel. 0252/413 97 86 | Fax 412 87 75 | www.activetours.com.tr*

AUSKUNFT

İskele Meyydanı 12 | Tel. 0252/412 10 35 | Fax 412 72 77 | www.marmaris-online.com

ZIELE IN DER UMGEBUNG

DALYAN ★ [123 D5]

Der entzückende 3000-Seelen-Ort (80 km östlich von Marmaris) liegt im Delta des Dalyan-Flusses. Die schilfbestandene Mündung und der vorgelagerte wunderbare Badestrand stehen unter strengem Naturschutz – das Areal ist eines der letzten Brutgebiete der Mittelmeerschildkröte *Caretta caretta*. Das Bild von Dalyan ist von kleinen Hotels geprägt. Das *Happy Caretta Hotel* liegt direkt am Fluss, hat einen Garten, und morgens werden die Gäste zum Strand gefahren *(* | *Maraş Mah.* | *Ada Sok.* | *Tel./Fax 0252/284 21 09* | *€€)*. *Gerdas Café* gehört einer in Dalyan lebenden Deutschen, die in ihrem Garten u. a. köstliche Waffeln backt *(Karakol Sok. 4* | *Tel. 0252/284 36 64* | *€€)*.

Von Dalyan kommt man mit dem Minibus zu dem benachbarten Köycegiz-See und dem gleichnamigen kleinen Ort in ca. 50 km Entfernung. Vom Hafen kann man mit einem Boot einen Ausflug zu den heißen Quellen mitten in der Wildnis auf der unbewohnten Seite machen. Insider Tipp

DATÇA UND BOZBURUN

Westlich von Marmaris (Minibusverkehr) erstrecken sich gabelförmig die Halbinseln *Reşadiye* und *Bozburun*. Insider Tipp Auf Reşadiye liegt der Fischerort Datça **[122 C5]** (80 km von Marmaris, 15 000 Ew.) mit einer wunderschön restaurierten Altstadt *(Eski-Datça)*.

Besonders spektakulär ist die Strecke Marmaris–Bozburun: alpines Panorama, tiefblaue Buchten. Endpunkt der Straße ist das Dorf Bozburun **[123 D5]**, 50 km ab Marmaris. Das Hotel *Aphrodite* direkt am Wasser ist nur mit dem Boot zu erreichen *(20 Zi.* | *Tel. 0252/456 22 68* | *Fax 456 24 73* | *€)*. Übernachten und sehr gut essen können Sie auch im Hotel *Möwe (im Zentrum* | *Tel./Fax 0252/456 26 61* | *www.moewe-tr.com* | *€)*.

Ausflugsboote fahren durch das Schilfgebiet des Dalyan-Flusses bei Kaunos

> VERGANGENE REICHE UND DIE MODERNE HAUPTSTADT

In den weiten Steppen Zentralanatoliens finden sich Spuren einer jahrtausendealten Besiedlung

> Die karge zentralanatolische Hochebene steht in herbem Kontrast zu den Bergwäldern der Schwarzmeerregion und den heiteren Küstengebieten im Süden. Ihre unendliche Weite und die Vielfalt ihrer Erdfarben und Formen erscheinen Besuchern wie ein Abbild der Steppen Asiens, von wo die türkischen Stämme vor 1000 Jahren nach Westen aufbrachen. Sie trafen bei ihrer Ankunft auf die Überreste der bedeutendsten und ältesten Zivilisationen.

Bild: Uçhisar (Kappadokien)

Viele Städte Inneranatoliens haben historisch als Stationen auf der Seidenstraße oder anderen Handelswegen gen Osten gedient, immer wieder trifft man auf prachtvolle Karawansereien. Die Moscheen und Religionsschulen (Medresen), denen man unterwegs begegnet (zum Beispiel in Konya) gehören zu den vollkommensten Zeugnissen islamischer Architektur überhaupt. Der schönste und zugleich bizarrste

ZENTRAL ANATOLIEN

Landstrich Anatoliens ist Kappadokien, wo zuckerhutähnliche Gebilde aus Tuffspitz aus der Erde stechen. Dahinter verbergen sich Räume, Gräber und Hunderte kleiner Kirchen, teilweise ausgestattet mit farbenprächtigen Fresken. In Kappadokien und in den Großstädten Mittelanatoliens findet man eine gute touristische Infrastruktur vor, in entlegeneren Gegenden ist man weitgehend auf sich allein gestellt.

ANKARA

[116–117 C–D4] **Als Republikgründer Mustafa Kemal Atatürk entschied, die Hauptstadt des neuen Staates solle Ankara sein, handelte es sich noch um eine mittelanatolische Kleinstadt – bekannt höchstens als das antike Ankyra und als Herkunftsort der Angora-Schurwolle.** Inzwischen ist Ankara zu einer Metropole mit 4 Mio. Ew. gewachsen. Abgesehen von den Ministerien und

Verwaltungen lassen sich alle Attribute einer modernen Kapitale finden: teure Geschäfte und Wohnviertel, ein abwechslungsreiches Nacht- und

Respekt fordernde Wache vor Atatürks Grabstätte, dem Mausoleum

Kulturleben und angesehene Forschungsinstitute.

SEHENSWERTES

ANADOLU MEDENIYETLERI MÜZESI (MUSEUM FÜR ANATOLISCHE ZIVILISATIONEN) ★

Das sogenannte „Hethitermuseum" gehört zu den Antikenmuseen von Weltrang. Der in einem ehemaligen gedeckten osmanischen Basar untergebrachte Komplex umfasst den Zeitraum von den ersten Zivilisationen (um 7000 v. Chr.) bis zum klassischen Altertum, mit Schwerpunkt auf der Hethiterzeit (2000–1200 v. Chr.). Die Fundstücke – alle aus dem Boden der heutigen Türkei – sind übersichtlich und ansprechend präsentiert. *Mai–Sept. Di–So 8.30–17.30, Okt.–April 8.30–17 Uhr | Eintritt ca. 8 Euro | Hisarlar Cad. | Atpazarı*

ANITKABIR (ATATÜRK-MAUSOLEUM)

Die Grabstätte Atatürks ist das Wahrzeichen Ankaras. Zu der riesigen Anlage, die als Park genutzt wird, gehört ein *Museum,* in dem Gegenstände des Republikgründers ausgestellt sind. *Tgl. 9–17 Uhr | Eintritt frei | Tandoğan*

KALE (BURG)

Wie ein Adlernest thront die Burg über der Stadt. Die Mauern stammen aus byzantinischer Zeit; Osmanen und Seldschuken bauten die Festung später mehrmals um. Die verwinkelten Gassen mit den osmanischen Holzhäusern im Innern der Zitadelle bildeten einst den Ortskern von Angora. *Ulus*

ESSEN & TRINKEN

MEŞHUR İSKENDER KEBAPÇISI

Der berühmte İskender-Kebap wird auf Brot mit Joghurt und Tomatensoße serviert. *Paris Cad. 20 | Tel. 0312/418 93 00* | €

VILLA
Hier genießen Sie türkische Küche in gediegener Atmosphäre. Serviert wird Wein aus eigener Abfüllung. *Boğaz Sok. 13 (Kavaklıdere) | Tel. 0312/439 17 50* | €€€

EINKAUFEN

Das Einkaufszentrum *Karum* neben dem Sheraton-Hotel in Çankaya, die *Atatürk-Allee* sowie *Gaziosmanpaşa* sind voller Läden.

ÜBERNACHTEN

HOTEL KEYKAN
Mittelklassehotel, in der Nähe des Kızılay-Platzes. *50 Zi. | Fevzi Çakmak Cad. 12 (Kızılay) | Tel. 0312/231 80 70 | Fax 230 02 16* | €€

MEGA RESIDENCE HOTEL
Vornehmes Haus in Kavaklıdere, mit Gartencafé. *29 Zi. | Tahran Cad. 5 | Tel. 0312/468 54 00 | Fax 486 54 15 | www.megaresidence.com* | €€€

AUSKUNFT

Gazi Mustafa Kemal Paşa Bul. 121 | Tandoğan | Tel. 0312/231 55 72 | www. goethe.de/ankara (Goethe-Institut)

ZIELE IN DER UMGEBUNG

HATTUSCHA [117 F4]
Zwei Autostunden von Ankara entfernt wurden vor 100 Jahren die Ruinen von Hattuscha entdeckt. Das gleichnamige Hethiterreich (ca. 1650–1200 v. Chr.), eines der bedeutendsten Großreiche seiner Zeit, hatte hier in der Nähe des Dorfes Boğazkale sein Machtzentrum. Zu bewundern sind Tempelfundamente, unterirdische Festungsgänge sowie das Löwen- und das Königstor, eingelassen in gewaltige Mauern. In Gebäuden, die als Archive gedient haben, fand man Tausende von Keilschrift-Tontafeln. Sie werden im örtlichen Museum ausgestellt *(Di–So 8–12 und 13.30–17 Uhr | Eintritt ca. 4 Euro)*.

2 km nordöstlich von Boğazkale liegt das Felsheiligtum *Yazılıkaya* (wörtl. „beschriebener Fels") aus dem 13. Jh. v. Chr. An den Wänden sind Hunderte von Göttergestalten in den Fels geschlagen. Insider Tipp

Die Buslinie *Çorum Lider* verbindet Ankara mit Hattuscha *(Tel. 0312/224 13 14)*. Schönes Motel mit Pool:

MARCO POLO HIGHLIGHTS

★ **Museum für Anatolische Zivilisationen**
Diese Sammlung in Ankara gehört zu den großen Museen der Welt (Seite 62)

★ **Konya**
In dieser Stadt wurde der Mevlana-Orden gegründet (Seite 67)

★ **Sultansazlığı-Naturpark**
Vogelparadies für Ornithologen: Kommen Sie frühmorgens (Seite 66)

★ **Kappadokien**
Kappadokien mit seinen Denkmälern aus Tuffstein ist ein einziges Naturwunder (Seite 64)

Mavi Ocak in Sungurlu *(40 Zi. | Samsun Yolu 5. km | Tel. 0364/313 00 33 | Fax 313 00 34 | €).*

SOĞUKSU MILLI PARKI (SOĞUKSU NATIONALPARK) [116 C3–4]
Der 10,5 km^2 große Nationalpark bei dem Ort Kızılcahamam (etwa 80 km von Ankara, auf der Strecke nach İstanbul) ist an den Wochenenden ein beliebtes Ausflugsziel der Hauptstädter. Das Gebiet erinnert mit seinem Mischwald eher an ein europäisches Mittelgebirge (max. 1800 m Höhe) als an Anatolien. *Busse ab Ankara: Busbahnhof (Ulus) | Eintritt 3 Euro*

KAPPADOKIEN

[125 E–F 2–3] ★ **Im Dreieck zwischen Nevşehir, Kayseri und Niğde sind seltsame Erdkegel zu sehen, aufgestellt wie für eine Partie Riesenbowling.** Kappadokien ist die wundersamste Landschaft Anatoliens. Regen, Wind und Flussläufe haben bizarre Gebilde aus Tuff, einer kittartigen Vulkanasche, im Laufe der Jahrhunderte hinterlassen. Hinter den aschegrauen Fassaden verbergen sich u.a. 360 kleine Kirchen, die christlichen Gemeinschaften als Versteck dienten. Auskunft: *Park İçi (im Park) | Ürgüp | Tel. 0384/341 40 59 | www.kultur.gov.tr*

ZIELE IN KAPPADOKIEN

Insider Tipp **AVANOS** [125 F2]
Der Ort ist berühmt für seine Terrakottakrüge und -vasen. In den Töpfereien gegenüber dem Basar 54 an der Straße nach Göreme können interessierte Besucher selbst den roten Ton formen.

GÖREME [125 F2]
Im Göreme-Tal liegen viele Felskirchen, meist nur über halsbrecherische Stiegen oder enge Gänge erreichbar. Im Innern sind sie mit farbenfrohen Fresken geschmückt, Bilderzyklen aus dem Leben Jesu. Die älteste der Höhlenkirchen datiert aus dem 5. Jh. *Göreme Açık Hava Müzesi (Freiluftmuseum Göreme) | tgl. 8.30–17.30 Uhr | Eintritt ca. 10 Euro*

Eine der schönsten Pensionen, halb Felsen, halb Steinhaus, ist das *Melek Cave Hotel (WLAN | 20 Zi. | Tel./Fax 0384/271 24 63 | www.melekcavehotel.com | €).* Beste Qualität bietet das *Ataman (20 Zi. | Uzundere Cad. | Tel. 0384/271 23 10 | www.atamanhotel.com | €€€).* In der *Rainbow Ranch (Tel. 0384/271 24 13 | Fax 271 23 13)* stehen geduldige Pferde für einen Ausritt bereit. Zwei Stunden mit Begleiter kosten ca. 25 Euro.

Ein besonderes Erlebnis in Kappadokien ist eine Ballonfahrt bei Sonnenaufgang. *Inkl. Frühstück und einem Glas Sekt 100–120 Euro; im Melek Cave Hotel nachfragen* Insider Tipp

IHLARA VADISI (PERISTREMA-TAL) [125 E3]
Verlassen Sie Kappadokien nicht, ohne wenigstens einen halben Tag in dieser Schlucht südöstlich von Aksaray verbracht zu haben – Peristrema, „das um und um gewundene Tal". 100 m tief und 10 km lang, in der Mitte ein baumbestandener Fluss, in seiner Monumentalität drängt sich ein Vergleich mit dem Grand Cañon auf. An den Steilhängen sind die Eingänge zu zahlreichen Kapellen erkennbar.

Zugang: Es gibt drei Taleingänge, einen zentralen ausgeschilderten, einen südlichen im Dorfzentrum von *Ihlara* und einen nördlichen beim Ort *Belisırma. Zutritt 7–20 Uhr | Eintritt ca. 5 Euro | Wanderkarte zum Ausdrucken: www.goereme.net/walkingmap.htm | www.goereme.org*

KAYMAKLI UND DERINKUYU [125 F2]

Bei Kaymaklı und Derinkuyu wurden bis zu acht Stockwerke tiefe unterirdische Siedlungen freigelegt. In dem ausgeklügelten Fluchtsystem, mit Toiletten, Waffenlagern, Wasserdepots und Kirchen, das zum Teil bereits in der Hethiterzeit angelegt wurde, konnten die Bewohner der oberhalb liegenden Städte bei Gefahr lange überleben. *Tgl. 8.30–17.30 Uhr | Eintritt je 8 Euro*

MUSTAFAPAŞA [125 F2]

6 km südlich von Ürgüp, auf der Straße nach Soğanlı, liegt die kleine Ortschaft (einst griechisch Sinasos). Mustafapaşa (2500 Ew.) hat einiges an Sehenswürdigkeiten zu bieten: Mit seinen Kirchen und mächtigen Steinhäusern war Sinasos früher ein Sommerort wohlhabender Griechen. Eine Karawanserei aus dem 14. Jh. erinnert daran, dass Kappadokien an der Seidenstraße lag. Und hier gibt es auch den seltenen Kappadokienwein Insider Tipp zu kaufen. Ein Tipp: *Weinkelterei Kappadokya im Stadtteil Davuthı | Tel. 0384/353 50 03.* Der Club *Natura Cappadocia* bietet in einem alten Stadthaus Unterkunft *(6 Zi. | Sümer Sok. | Tel. 0384/353 50 30 | Fax 353 54 30 | Mobil 0535/347 11 57 (Aysel Koch) | www.clubnatura.com | €€).*

Wie von einer anderen Welt: Tuffsteinkegel in Kappadokien

SULTANSAZLIĞI MILLI PARKI (SULTANSAZLIĞI-NATURPARK) ★ [126 A2–3]

Das 170 km² große Marschland mit den drei Seen Yay, Çöl und Söbe in der Mitte erstreckt sich 60 km östlich von Ürgüp. Ein Paradies für fast 300 verschiedene Vogelarten: Pelikane, Komorane, Wasserhühner und Reiher brüten in den Schilfgürteln. *Minibus vom Busbahnhof Ürgüp*

UÇHISAR [125 F2]

Dieser Ort liegt vor den Toren von Nevşehir malerisch auf einem gewaltigen quadratischen Felsen, gekrönt von einer spitzen mittelalterlichen Tuffburg. Ein Franzose vermietet hier zehn restaurierte Steinhäuser als *Les Maisons de Cappadoce (Semiramis A. Ş. | Belediye Meydanı 24 | Tel. 0384/219 28 13 | Fax 219 27 82 | www.cappadoce.com | €€€)*. Gut essen können Sie im *Bindallı Restaurant (neben dem Kaya Hotel in der Ürgüp Cad. | Tel. 0384/219 26 90 | €€)*.

> LOW BUDGET

> Vor einem Besuch bei den Hethitern sollte man sich im *Hattusas-Restaurant* in Bogazkale-Corum stärken: Mittagessen mit zwei Gängen ca. 6 Euro. *Tgl. 10–22 Uhr | Carsi Mahallesi | Cumhuriyet Meydani 22*

> Eine unvergessliche Ballonfahrt in Kappadokien? Wenn Sie sich für einen Ballon mit Werbebanner entscheiden, zahlen Sie p. P. „nur" 160 statt 230 Euro! *Kapadokya Balloons | Nevsehir | Tel. 0384/271 24 42 | www.turkeyballoon.com*

> In Ankara gibt es um den zentralen Kizilay-Platz herum gute Hausmannskost. *Karadeniz Yavuz Lokantasi* bietet Sa/So für 10 Euro freie und unbegrenzte Auswahl am Büfett. *Tgl. 9–21 Uhr | Silahtaraga Cad. 220 | Tel. 312/211 24 20*

> In Konya isst man das mit Gehacktem belegte, preiswerte Pizzabrot „Etli Ekmek" gut im *Sifa Restaurant. Tgl. 11–22 Uhr | Mevlana Cad. 29 | Tel. 0332/352 05 19*

ÜRGÜP [125 F2]

Das Städtchen (10 000 Ew.) ist ein idealer Ausgangspunkt für Kappadokien-Erkundungen. Es bietet gute Verkehrsanbindungen und verfügt über zahlreiche Übernachtungsmöglichkeiten.

Auf dem größten Hügel von Ürgüp, *Temenni Tepesi* („Hügel der guten Wünsche"), liegt das Grab des Seldschukenkönigs *Kılıç Aslan*, dessen auch die christliche Gemeinde von Kappadokien früher ehrend gedachte. Als die Seldschuken vor 900 Jahren diesen Teil des byzantischen Reiches erobert hatten, durften die Christen weitgehend ungestört in ihren Höhlen wohnen bleiben.

Auch heute werden die Felsen noch genutzt: Im Felsenlokal *Yaşar Baba (Sadıkayası Meydanı | Tel. 0384/343 38 84 | €€)* werden gute Lammgerichte serviert und dazu abends türkische Folklore. Felsenzimmer mit Aussicht am Stadtrand vermietet das *Alfina (32 Zi. | Istiklal Cad. Ürgüp Girısi 25 | Tel. 0384/341 48 22 | Fax 341 24 24 | €€)*.

Auf einem Hügel außerhalb von Ürgüp befindet sich das Restaurant *Hanedan* mit einer schönen Terrasse *(Nevşehir Yolu | Tel. 0384/341 42 66 | €€)*.

KONYA

[124 C3] ★ **Konya (mit Umland 2 Mio. Ew.) ist in vielerlei Hinsicht eine sehens- und bemerkenswerte Stadt.** Sie ist das Zentrum des anatolischen Islam, die Religion prägt die Stadt bis heute. Hier wurde der weltberühmte Mevlana-Orden gegründet, besser bekannt als die „tanzenden Derwische", ein mystischer Orden, der Toleranz und Friedfertigkeit predigt. Eine der großen Attraktionen der Stadt ist das alljährlich am 12. Dezember stattfindende Derwisch-Festival am Todestag des Mystikers Mevlana Celaleddin Rumi. Die in Trance durchgeführten Drehungen der Männer hinterlassen tiefen Eindruck.

In der Moschee des Mevlana-Ördens findet alljährlich das Derwisch-Festival statt

Konya überrascht als grüne Oase inmitten einer kargen Ebene, geprägt von sorgfältig angelegten Grünflächen, gespeist von zahlreichen Brunnen und kleinen Flüssen. Der besonderen Lage wegen machten die Seldschuken Konya (römisch: Iconium) zur Hauptstadt ihres Reiches. Aus dieser Zeit sind zahlreiche Bauten gut erhalten.

SEHENSWERTES

ALAEDDIN TEPESI (ALAEDDIN-HÜGEL)

In einem Park mit schattigen Teegärten liegt die *Alaeddin Camii* | die größte und älteste seldschukische Moschee in Konya. Nach siebzigjähriger Bauzeit wurde sie 1221, auf dem Höhepunkt der Seldschuken-Macht in Kleinasien, von Sultan Alaeddin Keykubat I. eingeweiht. Die Holzdecke wird von 42 antiken Säulen getragen, die *mihrab* (Gebetsnische) ist mit prachtvollen Fayencen ausgestattet, die *minbar* (Kanzel) besitzt wertvolle Ebenholzschnitzereien. Der Moschee gegenüber, auf der anderen Straßenseite, steht die *Büyük Karatay Medresi* (Große Karatay Akademie), heute ein *Museum für Keramikarbeiten (Di–So 8.30–17 Uhr | Eintritt 2 Euro | Alaeddin Meydani)* aus seldschukischer Zeit. Unter den noch erhaltenen Medresen ist dieser Bau aus dem Jahr 1252 der beeindruckendste.

ETNOGRAFYA MÜZESI (ETHNOGRAFISCHES MUSEUM)

Die Ausstellung zeigt Kleidungsstücke, Trachten, Werkzeug und Waffen aus der Region. *Di–So 8.30–12.30 | 13.30–17.30 Uhr | Eintritt 3 Euro | Larende Cad.*

MEVLANA MÜZESI (MEVLANA-MUSEUM)

Das Kloster *(tekke)* des Derwisch-Ordens ist heute das meistbesuchte Museum der Türkei nach Topkapi. Der Ordensgründer, Celaleddin Rumi, fand im 13. Jh. durch seine mystischen Anschauungen und seine Predigten über die Friedfertigkeit und die universelle Liebe zahlreiche Anhänger.

Im Mittelpunkt der Anlage steht die Grabstätte Celaleddin Rumis, *Yeşil Türbe* („Grünes Grab“) die so genannt wird wegen der grünen Fayencen, die das Kegeldach schmücken. Zu den ausgestellten Höhepunkten zählen die über 30000 alten Handschriften der Ordensbibliothek und die Sammlung von Teppichen und Kelims aus dem 13.–18. Jh. *Di–So 10–18 Uhr | Eintritt 3 Euro | Mevlana Cad.*

ESSEN & TRINKEN

HACI ŞUKRÜ

Im Kebap-Haus gibt es Spezialitäten wie *etli ekmek* (türk. Pizza) und *fırın kebap* (im Ofen). *Devri Cedid Mah.* |

> EIN KLUGER NARR

Nasrettin Hodscha, der Till Eulenspiegel Anatoliens

Nasrettin sucht seinen verlorenen Esel. Dabei betet er zu Allah und dankt ihm. „Warum bist du dankbar, wenn du deinen kostbaren Esel verloren hast?“, wird er gefragt. „Ich bin froh, ihn währenddessen nicht geritten zu haben. Sonst wäre auch ich vermisst.“ Was den Deutschen ihr Baron von Münchhausen oder den Flamen ihr Till Eulenspiegel, ist den Türken ihr Nasrettin Hodscha: ein kluger Narr, der ihnen den Spiegel vorhält. Mit Witz und Verstand entlarvt Nasrettin Dummheit und Obrigkeitstreue seiner Mitmenschen. Nasrettin, ein armer Dorf-Imam (muslimischer Vorbeter), soll Mitte des 13. Jhs. gelebt haben. Sein Grab liegt in Akşehir (130 km westlich von Konya).

ZENTRALANATOLIEN

Idyllischer Ort nicht nur für Campingurlauber: der See Beyşehir

Cem Sultan Cad. Fuar Sitesi 32/A | Tel. 0332/352 76 23 | €–€€

EINKAUFEN

Im *Basarviertel* von Konya, das sich zwischen Cumhuriyet und Atatürk Caddesi erstreckt, finden Sie eine große Auswahl traditioneller Handwerkskunst.

Insider Tipp

ÜBERNACHTEN

DEDEMAN

Neu erbautes Fünfsterne-Hotel mit allem Komfort, inklusive Frei- und Hallenbad, Sauna, Hamam und Fitnesszentrum mit Thalasso-Therapie-Anwendungen. *207 Zi. | Özalan Mah. | Selcuklu | Tel. 0332/221 66 00 | Fax 221 66 46 | www.dedeman.com* | €€€

ÖZKAYMAK

Das Vier-Sterne-Hotel in ruhiger Lage verfügt unter anderem über ein Hallenbad und eine Sauna. *108 Zi. | Nalçacı Cad. | Tel. 0332/237 87 20 | Fax 237 87 29 | www.ozkaymak.com.tr* | €€

AUSKUNFT

Mevlana Cad. 21 | Tel 0332/321 10 74 | Fax 350 64 61 | www.kultur.gov.tr

ZIELE IN DER UMGEBUNG

ÇATAL HÖYÜK [125 D3]

Insider Tipp

Hier wurde bei Ausgrabungen in den 1950er-Jahren eine der ältesten Siedlungen der Erde entdeckt (60 km südöstlich von Konya). Einige Schichten konnten in das Neolithikum auf etwa 6800 v. Chr. zurückdatiert werden. Weil jedoch die Fundstücke in das Museum für Anatolische Zivilisationen nach Ankara gebracht wurden, ist am Ausgrabungsort nur noch wenig zu sehen.

KIZILDAĞ MILLI PARKI (KIZILDAĞ NATIONALPARK) [124 A–B3]

Der 5,5 km^2 große Nationalpark am Rand des Sees *Beyşehir* (ca. 130 km westlich von Konya) lädt mit ausgewiesenen Plätzen von Mai bis September zum Campen und Picknicken ein. *Mit dem Auto oder dem Bus ab Konya*

> DAS LAND DER ARCHE NOAH

Im dünn besiedelten Osten liegen die ältesten Städte des Landes – eingerahmt von einer gewaltigen Bergwelt

> Die berückende Schönheit der östlichen Grenzgebiete der Türkei ist noch weit gehend unentdeckt. Majestätische Berge wie der Ararat („Noahs Berg") wechseln sich mit steppenhaften Ebenen und grünen Flusstälern ab – Euphrat und Tigris sind die Lebensadern dieser Region. Die Städte haben fast alle ein im Wortsinne biblisches Alter vorzuweisen.

Im Südosten stellen die Kurden die Mehrheit. Historisch gesehen kennt diese einzigartige Landschaft, die sich entlang der Grenzen zu Syrien, Iran und Irak erstreckt, aber noch mehr Völker und Kulturen: Seldschuken, Araber, Armenier, Assyrer, Griechen. Längst verlassene Festungen, Klöster und Kirchen erinnern daran.

Der Bürgerkrieg zwischen der Kurdischen Arbeiterpartei (PKK) und der türkischen Armee hat seine Spuren hinterlassen. Dennoch normalisiert sich das Leben langsam.

Bild: Berg Ararat

SÜDOST ANATOLIEN

Dazu trägt auch das ehrgeizige Südostanatolien-Projekt (GAP) bei, das aus der rückständigen Region langsam eine blühende Landschaft macht. Mit Hilfe von 22 Staudämmen entlang von Euphrat und Tigris werden 17 000 km^2 Land bewässert – eine Fläche größer als die Beneluxländer. An der großen Armut der Bauern, die unter kurdischen Großgrundbesitzern ächzen, hat das bislang wenig geändert.

Der Ausnahmezustand in den Provinzen ist aufgehoben, und das Auswärtige Amt warnt nicht mehr vor Reisen in die Region. Dennoch sollten Sie aufpassen, nur tagsüber fahren und in größeren Orten nächtigen. Die touristischen Routen und Sehenswürdigkeiten gelten als sicher.

Mit Rücksicht auf den konservativen Sittenkodex der Bevölkerung sollte man hier Arme und Beine immer bedeckt halten.

DİYARBAKIR

[128 A3] Inmitten einer ebenen Steppenlandschaft oberhalb des Tigris liegt die vorwiegend von Kurden bewohnte „Metropole" Südostanatoliens. Diyarbakır ist heute eine Großstadt mit 1,5 Mio. Einwohnern. Die meisten kamen in den letzten Jahren als Bürgerkriegsvertriebene. Die Zuwanderer leiden unter großer Arbeitslosigkeit und bevölkern die Straßen

Kurdin beim Wasserholen

und Cafés. Trotzdem ist ein Modernisierungsschub bemerkbar. Daran hat auch die Dicle-Universität ihren Anteil.

SEHENSWERTES

SURLAR (STADTMAUER)

Die Basaltmauer, die die Stadt umgibt, ist das augenfällige Wahrzeichen. 5 km dieser ältesten Stadtmauer Anatoliens stehen heute noch und können begangen werden. Die Mauer hat ihre Ursprünge 394 unter römischer Herrschaft, danach fügten Araber, Seldschuken, Perser und schließlich Osmanen dem Bauwerk etwas hinzu. Sehenswert ist das *Harput-Tor*, eines von vier Hauptzugängen der Stadt. Die Torhalle auf der Innenseite ist mit Tierreliefs geschmückt.

ULU CAMII (GROSSE MOSCHEE)

Eines der Wahrzeichen der Stadt und früheste seldschukische Sultans- moschee in Anatolien, errichtet 1091–92 von Sultan Malik Schah, kurz nach der Eroberung Diyarbakırs. Das Hauptportal zeigt Reliefs von Löwen und Stieren, das hohe Mittelschiff der fünfjochigen Gebetshalle erinnert an eine Kathedrale. Im Innern wurden antike Säulen und Kapitellen verwendet. *Gazi Cad.*

ÜBERNACHTEN

KERVANSARAY

Eine restaurierte, fast 500 Jahre alte Raststation für Karawanen mit gutem Restaurant; abends Livemusik. Man kann sein Essen auch in der gemütlichen Bar im 1. Stock bestellen, da ist es ruhiger. *45 Zi. | Gazi Cad./Mardin Kapısı | Tel. 0412/228 96 06 | Fax 223 95 22 | hotelkervansaray@superonline.com* | €€–€€€

Insider Tipp

AUSKUNFT

Kültür Sarayı Kat 5 | Tel. 0412/221 21 73 | Fax 224 11 89 | www.kultur.gov.tr

ZIELE IN DER UMGEBUNG

MARDIN [128 A4]

Mardin ist die arabische Perle der Türkei. Rund 40 km von der syrischen Grenze entfernt (rund 100 km

Reich verziert: Haus in Mardin

von Diyarbakır), liegt die Stadt (700 000 Ew.) auf einem Hügel, von dem aus man einen weiten Blick über die syrische Tiefebene hat. Die einmalige terrassenförmige Anlage der Altstadt zeichnet sich immer noch durch ein Ensemble zweistöckiger, reich verzierter traditioneller Steinhäuser aus, die aus hellem Kalkstein gebaut wurden. Leider wird das Zentrum an vielen Stellen von neu errichteten Betonbauten durchsetzt. Über der Stadt schwebt eine Burganlage, auf halber Höhe finden sich die alten Moscheen, von denen die *Ulu Camii* die größte und sehenswerteste ist. Besonders im Sonnenuntergang ist Mardin ein Fest für die Sinne, wenn der Kalkstein der Häuser im Abendrot glüht. Insider Tipp Übernachtung in historischen Villen bietet Erdoba Konakları *(31 Zi. | 1. Cad. 135 | Tel. 0482/212 76 77 | Fax 212 88 21 | www.erdoba.com.tr | €€).*

TUR ABDIN ★ **[128 B4]**

Das Gebiet um Mardin und das weiter östlich gelegene Midyat ist die Heimat der syrisch-orthodoxen Minderheit, die heute um ihre Existenz kämpft. In manchen Dörfern entlang der Grenze zu Syrien überragen noch Kirchtürme die niedrigen Häuser. Nur noch 2300 westsyrische Christen leben in Tur Abdin (Berg der Diener Gottes). Die meisten sind aus politischen und wirtschaftlichen Gründen ins Ausland oder in die Westtürkei geflohen.

Das *Deyrüızafaran* aus dem Jahr 493 n. Chr. (von Mardin mit dem Taxi zu erreichen, 5 km) ist eines von

MARCO POLO HIGHLIGHTS

★ Heiligkreuzkirche Ahtamar
Die 1000 Jahre alte Kirche, Heiligtum der Armenier, liegt mitten im Van-See (Seite 76)

★ Ilshak-Pascha-Palast
Ein barockes Lustschloss im bunten Stilmix (Seite 77)

★ Berg Nemrut
Gigantische Götterhäupter zeugen vom Selbstbewusstsein eines Königs (Seite 75)

★ Tur Abdin
Seit über 1600 Jahren beten Mönche in dieser wunderbaren Landschaft (Seite 73)

zwei bewohnten syrisch-orthodoxen Klöstern. Hier leben ein paar Mönche, die Kinder – zum Teil aus der Diaspora dorthin geschickt – Religion und Aramäisch, die Sprache Jesu, lehren. Das größere und bekanntere Kloster ist *Mor Gabriel* | 23 km hinter Midyat auf dem Weg nach Cizre. *www.nordirak-turabdin.de*

ŞANLIURFA

[127 E4] Das antike Edessa, heute 50 km von der syrischen Grenze entfernt, ist mit seinen 3500 Jahren eine der ältesten Siedlungen der Welt. Urfa (das Präfix *şanlı,* „ruhmvoll", bekam es erst in den 80er-Jahren verliehen) lebte lange Jahrzehnte vom Grenzhandel und auch von der Schmuggelei zwischen der Türkei, Syrien und Irak. Doch die politischen Umstände, vor allem die Golfkriege, setzten dem ein Ende. Das Staudammprojekt zieht die Menschen wieder hierher – die Einwohnerzahl ist auf knapp 1,5 Mio. gestiegen. Kernstück des gigantischen Bewässerungsprojekts ist der Atatürk-Staudamm, 60 km nördlich. Hier wird mittlerweile auch geschwommen und gesegelt, was die Region mit modernen Lebensformen bekannt macht. Dennoch: Nirgendwo fühlt man sich so sehr im Orient wie in der Altstadt mit ihrem quirligen, labyrinthischen Basar. Das liegt auch an der bedeutenden arabischen Minderheit. *www. allaturca.de*

Insider Tipp

> LOW BUDGET

- Gegenüber der restaurierten Ahtamar-Kirche in Van, direkt am Anleger am Van-See, liegt das preiswerte und gute *Ahtamar Adasi Restaurant. Tgl. | Tel. 0432/622 25 25*
- Der Betreiber des *Kervansaray-Hotels* in Diyarbakir besitzt auf dem Weg zur Dicle-Universität einen Privatzoo, wo man mit selbst mitgebrachten Speisen und Getränken im Freien picknicken kann. *Tgl. 10–17 Uhr | Özel Hayvanat Bahcesi | Dicle Yolu*
- In Diyarbakır isst und kauft man „Kadayif", eine Süßspeise mit Ziegenkäse, der deshalb so lecker ist, weil die Ziegen hier auf den Bergen viel Thymian fressen. Preiswert und gut: *Kadayifci Haci Levent (Izzet Pasa Caddesi 13).*
- Die Silberschmiede von Şanliurfa sind legendär. Ein Armreif wird in fünf Tagen Handarbeit hergestellt und ist dafür erstaunlich billig: Emre Gümüs *(Divanyolu Cad. 29/A | Tel. 0414/216 62 79).*

SEHENSWERTES

ABRAHAMSGROTTE

Die Muslime glauben, dass Stammvater Abraham (türkisch: İbrahim) in Urfa, in der Abrahamsgrotte im Süden der Stadt, geboren sei. Hier stehen deshalb ein halbes Dutzend Moscheen. Die schönste ist die *Halil ur-Rahman* aus dem 17. Jh. Neben der Moschee liegt „Abrahams Teich", ein Becken voller heiliger Karpfen.

ÜBERNACHTEN

ŞANLIURFA VALILIK KONUK EVI

Insider Tipp

Das schönste Altstadthaus gehört dem Gouverneur *(vali).* Es hat einen ruhigen Innenhof und eine Dachterrasse. Im Restaurant gibt es das beste Urfa-Kebap der Stadt. *Vali Fuat Bey Cad. | Tel./Fax 0414/215 93 77 | €.*

SÜDOSTANATOLIEN

Köpfe der Götterstatuen auf dem Gipfel des Nemrut Dağı – ein unvergesslicher Anblick

AUSKUNFT

Asfaltyol 4/D | Tel. 0414/215 24 67 | Fax 216 01 70 | Info über das GAP-Projekt: www.gap.gov.tr

ZIELE IN DER UMGEBUNG

HARRAN [127 E5]

Im Dorf Harran (50 km von Şanlıurfa) stehen Insider Tipp bienenstockförmige Häuser aus gepresstem Lehm. Mittendrin befinden sich Reste einer Burganlage aus dem 12. Jh. Die früheste Besiedlung Harrans datiert aber aus dem 3. Jahrtausend v. Chr. Der Bibel zufolge lebte Abraham hier einige Jahre, bevor er ins Gelobte Land Kanaan weiterzog. Das einzige Hotel vor Ort ist das *Bazda (8 Zi. | Merkez | Tel. 0414/441 35 90 | €)*. Touristeninformation im Rathaus: *Belediye | Tel. 0414/441 20 75*

NEMRUT DAĞI (BERG NEMRUT) ★ [127 E3]

Zwei Stunden Autofahrt nördlich von Şanlıurfa sind die wundersamen, mannshohen Götterstatuen vom Berg Nemrut zu sehen. Die Köpfe markieren eine Kultstätte, die einst errichtet wurde von König Antiochus I., Herrscher von Kommagene, einem Kleinstaat 69 bis 34 v. Chr. Erosion, Erdbeben und Menschenhand haben die steinerne Versammlung im Laufe der Jahrtausende zum Teil zerstört. Die Köpfe stehen sich auf der westlichen und der östlichen Terrasse gegenüber. So kann der Besucher wählen, in welchem Licht er sie bestaunen möchte. Wenn's der Sonnenaufgang sein soll, müssen Sie im Sommer um 3 Uhr morgens aufbrechen. Die karge Umgebung wurde zum Nationalpark erklärt. Im Ort *Kahta* erhalten Sie weitere Auskünfte: *Turizm Danişma (M. Kemal Cad. 52 | Tel./Fax 0416/ 725 50 07)*. Dort gibt es auch ein empfehlenswertes Hotel: *Nemrut Tur Oteli (55 Zi. | M. Kemal Cad. 11 | Tel. 0416/ 725 68 81 | Fax 725 68 80 | €)*.

VAN

[129 E2] **Die Provinzhauptstadt (370 000 Ew.) liegt am Ostufer des Van-Sees.** Der größte Binnensee der Türkei ist

120 km lang, 80 km breit und 457 m tief. Damit ist er siebenmal so groß wie der Bodensee. Er hat einen hohen Salzgehalt und eignet sich nur bedingt zum Baden. Eingerahmt von den Gipfeln der vulkanischen Gebirge ist er dennoch ein sehenswertes Ziel.

Die urartäische Siedlung wurde bereits im 8. Jh. v. Chr. dem Erdboden gleichgemacht, im Ersten Weltkrieg wurde die Altstadt fast völlig zerstört – von 3000 Jahren Siedlungsgeschichte ist so gut wie nichts mehr übrig. Die Urartäer (aus ihnen leitet sich das hebräische Wort „Ararat" ab) machten den Ort 900 v. Chr. zur Hauptstadt ihres Reiches. Danach hinterließen Perser, Römer und Armenier hier ihre Spuren.

SEHENSWERTES

VAN KALESI (ZITADELLE)

Auf dem Felsen im Westen der Stadt befinden sich Burgreste aus allen Epochen, von den Urartäern bis zu den Osmanen. Besonders bemerkenswert sind Schrifttafeln in den Mauersteinen, die belegen, dass sich an dieser Stelle die Festung der urartäischen Siedlung Tuschba befand (9. Jh. v. Chr.).

ESSEN & TRINKEN

AKDAMAR RESTAURANT

In schöner Lage am Bootsanleger für die Klosterinsel Ahtamar (türkisch: Akdamar). *Tel. 0432/622 25 25* | €€

ÜBERNACHTEN

BÜYÜK URARTU HOTEL

Bestes Hotel am Ort, mit Schwimmhalle. *75 Zi. | Cumhuriyet Cad. 32 | Tel. 0432/212 06 60 | Fax 212 16 10 | www.buyukurartuotel.com* | €€

AUSKUNFT

Cumhuriyet Cad. 19 | Tel. 0432/216 20 18 | Fax 216 36 75 | www.kultur.gov.tr

ZIELE IN DER UMGEBUNG

AHTAMAR KILISESI (HEILIGKREUZ-KIRCHE AHTAMAR) ★ [129 D2]

Das Wahrzeichen des Van-Sees ist die über 1000 Jahre alte armenische Heiligkreuzkirche (Bauzeit 915–21), die unvergleichlich über der Insel emporragt. Bis 1464 war hier der Sitz des Katholikos, des geistlichen Oberhauptes der Armenier. Die Kirche, die auch wegen ihres einzigartigen, ornamentalen Reliefschmucks an den Außenwänden berühmt ist, wurde von der türkischen Regierung restauriert und im März 2007 als Zeichen der Versöhnung mit den Armeniern als Museum wieder eröffnet. *Mi–Mo 9–17 (Okt.–Mai bis 15) Uhr | Minibusverkehr zu der 40 km von Van entfernten Anlegestelle (hinter dem Ort Gevaş) | von der aus kleine Boote zu der Insel übersetzen*

ANI [121 E3] Insider Tipp

Die ehemalige armenische Hauptstadt, die im 4. Jh. gegründet wurde, ist zwar ungefähr 400 km und damit eine halbe Tagesreise von Van entfernt, aber trotzdem lohnt sich der Aufwand. Man kann die Besichtigung der seit 600 Jahren verlassenen Geisterstadt mit dem Abstecher nach Doğubeyazıt verbinden. Fährt man Richtung Norden zum Städtchen Kars und folgt dort dem Hinweis nach Ocaklı, gelangt man zur türkisch-armenischen Grenze, wo nahe des Grenzstreifens die Ruinen von Ani liegen.

Letztes „türkisches Schloss": der Vergnügungspalast des İshak Paşa

Im Mittelpunkt der verfallenen Mauern und Kirchenruinen stehen die gut erhaltenen Überreste der Kathedrale (989–1001). Erkundigen Sie sich vorher, ob die Ruinen zugänglich sind *(Eintritt 3 Euro)*. Für die Besichtigung brauchen Sie eine Genehmigung, erhältlich über die *Touristeninformation (Orta Kapı Mah. | GAMP | Faikbey Cad. 135 | Tel. 0474/223 35 68 | Fax 223 27 24)* oder örtliche Agenturen *(z. B. Seyit Turizm | Orta Kap Mah. | GAMP | Yusufbey Sok. 272/A | Tel. 0474/212 60 46 | Fax 212 05 64 | seyitturizm@hotmail.com)*. Das dauert einen Tag. Es empfiehlt sich, in *Kars* zu übernachten, annehmbar ist das *Motel Arkar Anihan (96 Zi. | Çevreyolu SSK Kavşağı | Tel. 0474/212 35 17 | Fax 212 35 20 | www.megaturkey.com/anihaning. htm | €€). Von Busbahnhof Van (Garaj) fahren Busse nach Kars (364 km).*

DOĞUBEYAZIT **[121 F5]**

Drei Autostunden von Van entfernt, hat die Kleinstadt mit den beiden spektakulärsten Sehenswürdigkeiten des Südostens aufzuwarten: in erster Linie mit dem Berg *Ararat* (türk. Ağrı Dağı), dessen schneebeckte Spitze in 5165 m Höhe bei gutem Wetter weithin sichtbar ist – diese Bergspitze scheint tatsächlich so hoch, dass keine (Sint-)Flut sie erreichen könnte. Um den Ararat besteigen zu dürfen, benötigt man eine Genehmigung aus Ankara.

6 km außerhalb thront in 270 m Höhe die zweite Attraktion: ★ *İshak Paşa Sarayı, (Ishak-Pascha-Palast)* ein märchenhaftes Schloss mit 366(!) Zimmern, Hamam, Harem und Lustgärten, das sich ein lokaler Fürst Ende des 18. Jhs. errichten ließ. In den angeblich 99 Jahren Bauzeit wurde auf fast alle damals bekannten Baustile der Gegend Bezug genommen, von armenisch-georgisch über seldschukisch bis barock-osmanisch. Etwas außerhalb der Stadt befindet sich das *Sim-Er Hotel (125 Zi. | Doğu Beyazıt/Ağrı | İran Transit Yolu | Tel. 0472/312 48 42 | Fax 312 48 43 | €€).*

> HOCHLAND FÜR ENTDECKER

Tropisches Klima, üppige Vegetation und byzantinische Klöster im Osten der Schwarzmeerküste

> Vom Meer her wehen feuchte Winde, im Gebirge herrscht häufig Nebel – das ist ein Klima, in dem Haselnüsse, Tabak und Tee prächtig gedeihen.

Eine einzigartige Landschaft erstreckt sich von der dunkelblauen See über dicht bewaldete Berghänge hinauf auf Hochgebirgsalmen in 3000 m Höhe. An den pontischen Gebirgsausläufern bestimmen Urwälder, blühender Rhododendron und Wasserfälle das Bild. In den Höhenlagen kommt der vulkanische Ursprung zum Vorschein: Zwischen den Gletschern wandert man auf Lavaschotter aus Granit.

Mittelmeermüde İstanbuler ziehen dort mit Rucksäcken die Berge hinauf zu einsamen Almhütten oder suchen in byzantinischen Kirchen und georgischen Klöstern nach Spuren einer jahrtausendealten Vergangenheit. Das Königreich Trapezunt wurde erst im Jahr 1461 von Mehmet

Bild: Teeernte an der Schwarzmeerküste

SCHWARZMEERKÜSTE

II. dem Eroberer besiegt. Bis in die 1920er-Jahre wohnten entlang der nördlichen Schwarzmeerküste noch viele Griechen. Nicht nur Ruinen erinnern an die wechselvolle Geschichte der Region: Im Nordosten, an der georgischen Grenze, leben noch gut 50 000 Lasen *(Laz)*, ein kaukasischer Volksstamm, der sowohl der Hellenisierung als auch der Turkisierung widerstanden hat. Die äußerste westliche Schwarzmeerküste ist wegen ihrer Buchten und Sandstrände ein beliebtes Wochenendziel der İstanbuler.

AMASYA

[118 A–B3] **Dieser malerische Ort (365 000 Ew.) wartet mit gut erhaltenen osmanischen Fachwerkhäusern auf, die entlang dem Yeşilırmak („Grüner Fluss") fast über das Ufer kragen.** Dazu kommen seldschukische Bauwerke, Moscheen und Mausoleen sowie die alte Festung aus römischer Zeit. Amasya war Hauptstadt des griechischen Pontischen Reiches (ca. 300–70 v. Chr.), im Mittelalter regierten die Mongolen und bescherten der Stadt einen wirtschaftlichen Aufschwung. Danach verlagerten sich die Wirtschaftszentren gen Westen. Die Menschen leben heute vor allem vom Obstanbau.

ESSEN & TRINKEN

BAHAR RESTAURANT

Über die Stadt hinaus bekannte Kebapvariationen. *Yüzeller Mah. | Sadıkesen Sok. 4 | Tel. 0358/218 13 16 |* €

ÜBERNACHTEN

İLK PANSIYON Insider Tipp

Liebevoll restauriertes Armenierhaus. *6 Zi. | Gümüşlü Mah. Hitit Sok. 1 | Tel. 0358/218 16 89 | Fax 218 62 77 |* €

Kulturelles Welterbe der Menschheit: die Stadt Safranbolu

SEHENSWERTES

SULTAN BEYAZIT KÜLLIYESI (MOSCHEENKOMPLEX)

Die Anlage stammt aus dem 15. Jh. Neben der Moschee befinden sich Mausoleen, Brunnen und eine Medrese, die Aufbewahrungsort für etwa 20000 Bücher ist. *Ziya Paşa Bulvarı*

AUSKUNFT

Mustafa Kemal Paşa Cad. 27 | Tel. 0358/218 50 02 | Fax 218 33 85

SAFRANBOLU

[116 C2] ★ **Kopfsteinpflaster und Fachwerkhäuser mit Wasserbassins in den Wohnzimmern machen die Kleinstadt zur**

Attraktion (50000 Ew.). Der Verkauf von Safran begründete den Wohlstand des Ortes – heute sind das Handwerk und der Fremdenverkehr die florierenden Erwerbszweige.

ESSEN & TRINKEN

SAFRAN ▶▶

Großes Lokal mit Sommergarten, am Wochenende Livemusik. *Bağlar Aslanlar Meydanı | Tel. 0370/712 10 19 | €*

EINKAUFEN

BASAR

Im Stadtkern liegt das Reich der Kupferschmiede, Sattler und Gewürzhändler. Typisch für die Region sind handbestickte Decken und Tücher.

ÜBERNACHTEN

Insider Tipp **TOURING SAFRANBOLU HOTEL**

Wohnen in einem der schönsten Herrenhäuser von Safranbolu! Regionaltypisch dekoriert, von den Kelims bis zu den Kupfertischen. Restaurant im Kellergewölbe. *19 Zi., 5 Suiten | Çarşı Mah. | Ç. Gülersoy Cad. 18 | Tel. 0370/725 28 83 | Fax 712 36 21 | www.safranbolukonak.com | €€*

AUSKUNFT

Çeşme Mah. | Arasta Çarşısı 7 | Tel. 0370/712 38 63 | www.safranbolu.gov.tr

ZIEL IN DER UMGEBUNG

AMASRA ★ **[116 C1]**

Etwa eine Autostunde von Safranbolu entfernt windet sich eine steile Uferstraße hinunter in das reizende Städtchen Amasra (20000 Ew.). Gelegen auf zwei felsigen Landzungen, eingerahmt von einer imposanten Felsküste, gehört das antike Sesamos zu den Schmuckstücken der türkischen Schwarzmeerküste.

Direkt am Strand liegt das Hotel *Eroğlu Büyük Liman (36 Zi. | Kum Mah. | Turgut Işık Cad. | Tel. 0378/315 39 00 | Fax 315 39 02 | €)*. Ein hervorragendes Fischrestaurant am Meer ist das *Canlı Balık (Büyük Liman Cad. | Tel./Fax 0378/315 26 06 | €).*

SİNOP

[117 F1] Malerisch auf einer Halbinsel gelegen und von einer alten Burg mit der dazugehörigen Stadtmauer bewacht, hat Sinop den schönsten natürlichen Hafen am Schwarzen Meer und wunderbare, nah gelegene Badebuchten. Insider Tipp Im 7. Jh. von Kolonisten aus Milet gegründet, spielte die Stadt bereits unter den Byzanti-

MARCO POLO HIGHLIGHTS

★ Ayder-Plateau
Hochfläche im Wanderparadies des grandiosen Kaçkar-Gebirges (Seite 84)

★ Sumela-Kloster
Berühmtes und hervorragend erhaltenes Felsenkloster, monumental in eine Felswand hineingebaut (Seite 84)

★ Safranbolu
Schauen und kaufen: gepflegte alte Fachwerkarchitektur und beste Souvenirs aus den Handwerkerzünften (Seite 80)

★ Amasra
Steilküste und herrliche Badebuchten: ein Schmuckstück der türkischen Schwarzmeerküste (Seite 81)

nern eine wichtige Rolle als Hafen. Berühmt ist sie als Geburtsort des Diogenes („Diogenes in der Tonne", 413 v. Chr.). Obwohl die Stadt (225 000 Ew.) und ihre Umgebung eigentlich alle Voraussetzungen für einen angenehmen Urlaub bieten,

Badespaß haben wir auch ohne Spaßbad

sind es bis heute fast ausschließlich einheimische Besucher, die im Sommer die Cafés und Strände füllen. Die Halbinsel von Sinop ist der nördlichste Zipfel der türkischen Schwarzmeerküste und deshalb auch etwas schwer zu erreichen. Es gibt eine Fähre von İstanbul hierher (montags um 14 Uhr), die am Donnerstag zurückfährt (12.30 Uhr ab Sinop, Kontaktnummer in İstanbul: *Tel. 0212/244 02 07*).

SEHENSWERTES

SINOP MÜZESI (STADTMUSEUM)

Interessante Zeugnisse aus der Vorgeschichte der Zivilisation. Im Meer vor Sinop vermuten Archäologen das Land, das durch die biblische Sintflut überschwemmt wurde. *Tgl. 8–17 Uhr | Eintritt ca. 3 Euro | Okullar Cad.*

ESSEN & TRINKEN

BEYAZ EV

Türkische Küche, solide und gut. *Mobil Mevkii | Tel. 0368/261 28 66 |* €

SARAY RESTORAN

Das Restaurant am Hafen hat einen der schönsten Ausblicke und guten Schwarzmeerfisch. *Tersane Cad. 5 a | Liman | Tel. 0368/261 17 29 |* €

ÜBERNACHTEN

MELIA KASIM OTELI

Gutes, zentral gelegenes Mittelklassehotel. *67 Zi. | Gazi Cad. 49 | Tel. 0368/261 42 10 | Fax 261 16 25 |* €€

VILLA ROSE

Fünf Minuten vom Meer entfernt; zählt mit ihren Antiquitäten und der luxuriösen Ausstattung zu den schönsten kleinen Hotels. *6 Zi. | Ada Mahallesi | Kartal Cad. 9 | Tel. 0368/261 19 23 | Fax 260 10 16 |* €€€

AUSKUNFT

İl Turizm Müdürlügü | Vilayet Binası | Kat 4 (4. Etage | Rathaus) | Tel. 0368/261 52 07 | Fax 260 03 10

ZIELE IN DER UMGEBUNG

GERZE [117 F1]

Gerze sollte man schon deshalb besuchen, weil der Weg von Sinop in das 20 km entfernt liegende Städtchen einfach spektakulär ist. Die Straße führt teilweise in steilen Serpentinen durch den Wald und gibt immer wieder den Blick aufs Schwarze Meer frei. Gerze selbst ist eine kleinere Ausgabe von Sinop, ebenfalls auf einer Halbinsel gelegen, nur ruhiger.

HAMSAROZ KOYU (FJORD) [117 F1]

Ein tief ins Land reichender Fjord, der durch seine Tiefe und grünen Berge ringsherum an Norwegen erinnert. An der Bucht liegt ein Picknickgelände der staatlichen Forstverwaltung *(Orman Yeri)*, wo Sie gegen eine geringe Gebühr einen wunderbaren Rastplatz finden. Vor der Einfahrt zum Fjord liegt ein kilometerlanger Strand, der von der Straße aus leicht zu erreichen ist.

TRABZON

[119 F3] **Das alte Trapezunt im Nordosten ist heute die größte Stadt der Region (1,2 Mio. Ew.). Es ist – gemessen an anderen Städten des Ostens – eine moderne Großstadt.** Bis zu ihrer Einnahme durch die Osmanen im Jahr 1461 war sie Hauptstadt des spätbyzantinischen Komnenenreiches. Berühmteste Sehenswürdigkeit ist die Hagia Sophia aus dem 13. Jh., heute ein Museum. Die *Trabzoner Zitadelle* (Trabzon Kalesi) ruht auf einem byzantinischen Fundament, wurde aber später von den Osmanen ausgebaut. Der *Hafen* von Trabzon ist ein wichtiger Umschlagplatz für den in der Gegend angebauten Tee, für Haselnüsse und Holz.

SEHENSWERTES

AYASOFYA (HAGIA SOPHIA)

Das Innere zieren Wand- und Deckenmalereien aus der Schöpfungsgeschichte. *Di–So 8–12 und 13–17 Uhr | Eintritt 2 Euro | Uzun Sok. Zeytinlik Cad. 10*

ESSEN & TRINKEN

MURAT RESTAURANT

Das kleine, feines Fischlokal liegt im Zentrum von Trabzon. *Atatürk Alanı* | €

ÜBERNACHTEN

ZORLU GRAND HOTEL

Ein Fünf-Sterne-Hotel mit Lichthof, Hallenbad und Fitnesscenter. *160 Zi. (17 Nichtraucher) | Maraş Cad. 9 | Tel. 0462/326 84 00 | Fax 326 84 58 | www.zorlugrand.com* | €€€

AUSKUNFT

Atatürk Alanı | Tel./Fax 0462/321 46 59 | www.anatolia.com

Wandmalerei in der Hagia Sophia

ZIELE IN DER UMGEBUNG

AYDER-PLATEAU ★ **[120 B3]**

Guter Ausgangspunkt für eine Wanderung im grandiosen *Kaçkar-Gebirge* ist die Hochfläche Ayder. Der Weg dorthin führt von Rize auf zunächst 50 km gut ausgebauter Straße. Der Zustand der letzten Kilometer Weg bergan ist allerdings sehr schlecht. Übernachten ist in der *Pension Prik (12 Zi. | Tel. 0464/657 20 21 | €)* möglich. Der Besitzer ist ein erfahrener Bergführer. Tourenvorschlag: Von der Hochalm Ayder per pedes (manchmal fahren auch Traktoren) zu der Almensiedlung *Yukarı Kavron* (Oberkavron) in 2700 m Höhe. Dort gibt es Hütten zum Übernachten.

>LOW BUDGET

- Das *Barinak Café* im Hafen von Sinop ist berühmt für seine preiswerten und leckeren Pizzen. *Tgl. | Iskele Cad. | Tel. 0386/261 27 18*
- Reis mit Sardellen („Hamsili Pilav") ist die Delikatesse Trabzons, beinahe zu Spottpreisen wird man satt damit im *Tarihi Kalkanoglu Pilav Salonu. So geschl. | Tophane Sokak 2*
- Wenn Sie das örtliche Schwarzmeergebiet selbst erkunden wollen, sind *Thalassa Tours* in Trabzon eine gute Adresse: Ab 35 Euro/Tag bekommen Sie hier einen Mietwagen. *Gazipasa Cad. | Saruhan Is Merkezi/1. Etage | Tel. 0462/322 11 22 | www.thalassatours.com*
- In der Atatürk-Allee in Rize gibt es schöne Patisserien, wo man bei frischem Gebäck, Kaffee oder Tee und mit einem guten Buch stundenlang verweilen kann. *Atatürk Caddesi | Dergah: Nr. 366/C | Seda: 458/B*

BILBILAN **[120 C2]**

Eine Hochalm mit atemberaubendem Blick auf dem Weg von Artvin nach Ardanuç (130 km von Rize). Von Anfang Juni bis Ende September steht in Bilbilan ein großer Markt, auf dem man so gut wie alles bekommt, von Vieh bis zu den weithin gerühmten Milcherzeugnissen. Nur mit dem Auto zu erreichen (2660 m). Die beschwerliche Fahrt den Pass hinauf dauert von Artvin gut zwei Stunden. Die Strecke ist im Winter verschneit. Insider Tipp

İŞHAN KILISESI (KIRCHE VON İŞHAN) **[120 C2]**

In den Tälern des Kaçkar-Gebirges im Umkreis von Artvin (130 km von Rize) steht mehr als ein Dutzend mittelalterlicher Kirchen aus der Zeit, als diese Provinz zum Georgischen Königreich gehörte (9. bis 11. Jh.) Die bekannteste ist die *İşhan-Kathedrale* von 828. *75 km südlich von Artvin nahe Yusufeli auf der Passstraße 060*

Zurück über Yusufeli ist es auch nicht weit zur einsam gelegenen Basilika *Dört Kilise* aus dem 10. Jh. Im nächsten Dorf *Tekkale* befindet sich eine äußerst schlichte, aber freundliche Pension: *Cemils Pansiyon (4 Zi. | Tel. 0466/811 29 08 | €).*

SÜMELA MANASTIRI (SUMELA-KLOSTER) ★ **[120 A3]**

Im pontischen Gebirge trifft man auf zahlreiche Kirchen und Klöster. Das berühmteste und besterhaltene ist das Felsenkloster Sumela in 270 m Höhe gut 50 km südlich von Trabzon im

Naturpark Altındere. Die in eine Bergwand gebaute Anlage erreichen Sie von einem Parkplatz aus nach etwa 40 Min. Fußmarsch. Als Basis für Wandertouren empfiehlt sich das 13 km vom Kloster entfernte, saubere *Büyük Sumela Hotel (115 Zi. | Macka-Trabzon | Tel. 0462/512 35 40 | Fax 512 36 26 | www.sumelaotel. com | €€)*.

Fromme Abgeschiedenheit in luftiger Höhe: das Felsenkloster Sumela

Die Gründung soll zurückgehen bis ins 4. Jh., als der Sage nach Mönche eine vom Evangelisten Lukas gemalte heilige Ikone der Gottesmutter in der Felsenhöhle versteckten. Die letzten griechischen Mönche mussten das Kloster 1923 verlassen, als Griechenland und die Türkei einen „Bevölkerungsaustausch" vereinbarten. Die Fresken aus dem 14. Jh. in der Kapelle sind leider stark beschädigt. *Mehrmals tgl. Minibusse ab Trabzon-Hafen oder mit Usta Tur | Tel. 0462/326 18 70 (ab Juni)*

UZUNGÖL (LANGER SEE) [120 A2]

Dieser malerische, durch Erdrutsche entstandene klare Hochgebirgssee liegt ca. 80 km von Trabzon abseits der Straße nach Bayburt. Die Pension mit Restaurant *Inan Kardeşler (am südlichen Ende des Sees gelegen | Tel. 0462/656 60 21 | €)* ist das älteste von einem guten Dutzend Lokalen und Übernachtungsmöglichkeiten am Uzungöl. Sie verfügt über 22 Holzbungalows.

Insider Tipp

Busse tgl. ab Trabzon/Russen-Markt (Rus Pazarı) mit Çay Kara Otobüsleri

> ABWECHSLUNGSREICHE NATUR, FASZINIERENDE GESCHICHTE

Mit dem Auto unterwegs auf den Spuren der Hethiter, hinauf auf einen Götterberg und hinunter zu den Badenixen: vier Mal Türkei intensiv

Die Touren sind auf dem hinteren Umschlag und im Reiseatlas grün markiert

1 AUF DEN SPUREN DER STEINE

Wie auf einem türkischen Teppich haben Siedler, Stämme, Herrscherhäuser und Imperien in Jahrtausenden in Kleinasien ihre Muster hinterlassen. Zuerst kamen die Hethiter (2000 v. Chr.) nach Zentralanatolien, dann landeten die Hellenen ab 700 v. Chr. an der Westküste, und gut 500 Jahre später übernahmen die Römer weite Teile der heutigen Türkei. Die Rundreise (1800 km) führt Sie in sieben Tagen vorbei an den bedeutenden Sehenswürdigkeiten jener Epochen und zu grandiosen Naturschauspielen.

Ausgangspunkt ist die Hafenstadt **İzmir** *(S. 42)*, wo Sie sich bei einem Spaziergang an der ▶▶ Uferpromenade Kordon einen kleinen Eindruck über die großartige Lage des antiken Smyrna verschaffen können. Verlassen Sie die Stadt Richtung Norden auf der 550 (E 87) bis zur Abfahrt

Bild: Pamukkale

AUSFLÜGE & TOUREN

nach Bergama, dem antiken **Pergamon** *(S. 47)*. Die hellenistischen Ruinen vor der Stadt liegen weit verteilt, der Aufstieg zur Akropolis ist anstrengend. Rechnen Sie darum mit mindestens einem halben Tag. Wenn Sie in Bergama nicht übernachten möchten, fahren Sie auf der 240 weiter, bis Sie bei dem Ort Kırkağaç auf einen kleinen Zubringer stoßen, der Sie auf die Hauptstraße 565 Richtung Balıkesir und anschließend weiter nach **Bursa** *(S. 34)* führt. Die erste Hauptstadt des Osmanenreiches liegt in einer fruchtbaren Flussebene, überragt von dem Berg Uludağ (2543 m). Bleiben Sie eine Nacht, besichtigen Sie die Altstadt und entspannen Sie sich in einem der viel gerühmten Thermalbäder.

Am nächsten Tag führt Sie die Route in östlicher Richtung auf der 200 Richtung **Ankara** *(S. 61)*. Nutzen Sie den Aufenthalt in der modernen

Hauptstadt für einen Einkauf und für einen Besuch des Hethiter-Museums.

Die weltberühmte Sammlung der Anatolischen Zivilisationen stimmt auf das nächste Ziel ein: Auf der E 88 Richtung Osten fahren Sie bis zum Abzweig Delice, von dort aus auf der 190 nach Sungurlu, wo Ihnen kurze Zeit später ein Schild den Weg nach **Boğazkale** weist. Hier sind Tempel und Tore der berühmten hethitischen Hauptstadt **Hattuscha** *(S. 63)* zu bewundern. Gemeinsam mit dem nahe gelegenen Felsheiligtum **Yazılıkaya** bildet die Stätte ein einzigartiges Freilichtmuseum der ersten anatolischen Hochkulturen.

Von dort geht es weiter nach **Kappadokien** *(S. 64)*, der faszinierenden Landschaft aus Tuffstein. Fahren Sie zunächst von Yozgat über die Strecken 200, 785 und 260 nach Kirsehir und von dort auf der 765 nach **Nevşehir** *(S. 66)* im Herzen Kappadokiens. Angesichts der bizarren Felsformen und phantasievoll in sie eingehauenen Höhlen, Wohnungen, Kapellen und Klöster stockt einem der Atem. Sie haben dort die Auswahl zwischen den Felskirchen von **Göreme** *(S. 64)*, den faszinierenden unterirdischen Städten **Derinkuyu** *(S. 65)* und **Kaymaklı** *(S. 65)* oder dem **Peristrema-Tal** *(S. 64)*, einem eindrucksvollen Cañon. Weil die Sonnenuntergänge in dieser Landschaft so sagenhaft sind, sollten Sie hier unbedingt eine Nacht verbringen.

Von Nevşehir geht die Rundreise weiter auf der 300 an Aksaray vorbei nach **Sultanhanı**. Machen Sie Rast in der **Sultanhanı Kervansaray**, der schönsten aller erhaltenen seldschukischen Karawansereien. Nach 40 km erreichen Sie **Konya** *(S. 67)*, die grüne Oase und das islamische Zentrum Inneranatoliens. Die zahlreichen seldschukischen und osmanischen Bauwerke und das Museum der Derwisch-Bruderschaft lohnen einen Tag Aufenthalt.

Pamukkale *(S. 46)* heißt die nächste Station: zunächst von Konya nach Beysehir (Straße 330), von dort ein

Glanzvolle Ruine: das Traianeum der antiken Stadt Pergamon

kurzes Stück am Beysehir-See in nördlicher Richtung auf der 695 und dann auf der 330 über Egidir nach Isparta. Weiter nach Dinar (685 und 625) und schließlich auf der 320 Richtung Denizli. Vor der Einfahrt in die Stadt finden Sie den Abzweig zu den berühmten Kalksinterterrassen, die bereits in der Antike ein beliebtes Thermalbad waren. Schon Kleopatra besuchte Pamukkale, um das mineralreiche Quellwasser für ihre Schönheit zu nutzen. Erfreuen Sie sich an dem Naturdenkmal, zum Baden in dem warmen Thermalwasser können Sie sich auch in eines der umliegenden Hotels begeben. Über die 320 und 550 geht es weiter zum letzten Höhepunkt der Tour, den bestens erhaltenen antiken Stadtruinen von **Ephesos** *(S. 44)*. Wenn Sie noch Zeit haben, besuchen Sie den nahe gelegenen Badeort **Kuşadası** *(S. 45)*, bevor Sie nach İzmir, dem Ausgangspunkt dieser Route, zurückkehren.

2 ZWISCHEN BEACH, BASAR UND BERGGÖTTERN

Diese 1000 km lange Reise führt Ihnen an einem kleinen Ausschnitt vor Augen, welche landschaftlichen und gesellschaftlichen Kontraste die Türkei zu bieten hat. Zunächst geht es vom modernen Antalya aus an der östlichen Mittelmeerküste entlang bis in das arabisch geprägte Antakya und von dort ins tiefste Südostanatolien, in die Prophetenstadt Şanlıurfa und zum Götterberg Nemrut. Auch für diese Tour sollten Sie mindestens eine Woche einplanen.

Von **Antalya** *(S. 52)*, der türkischen Mittelmeermetropole mit Charme, fahren Sie auf der Küstenstraße 400 Richtung Osten zum 135 km entfernten **Alanya** *(S. 49)*. ✱ Dort ist die weitläufige Seldschukenfestung einer der prachtvollsten Anblicke an der Küste, mit einer schönen Aussicht auf die Bucht ein Muss.

Dann weiter auf kurvenreicher Fahrt nach **Anamur** *(S. 51)*, der südlichsten Spitze der Türkei mit 13 km feinem Badestrand und einer gut erhaltenen, sehenswerten ✱ Kreuzfahrerfestung in spektakulärer Lage.

Nächste Station ist **Silifke**, eine Bezirksstadt 10 km vom Meer entfernt. Sie lohnt einen Besuch wegen der kilometerlangen Dünenlandschaft am Delta des Göksu-Flusses und der vielen Strände in der Umgebung. Insider Tipp

Vorbei an der Industrie- und Hafenstadt Adana führt der Weg auf der E 91 nach **Antakya**, dem antiken Antiocheia. Das Archäologische Museum der Stadt beherbergt eine überaus sehenswerte Sammlung römischer Mosaiken. Insider Tipp Die Spuren der Urchristen sind hier unübersehbar: Petrus selbst soll in einer Höhle eine der ersten Kirchen errichtet haben („Petrus-Grotte“).

Şanlıurfa *(S. 74)*, das nächste Etappenziel, ist stark von Arabern und Kurden geprägt. Sie erreichen diese uralte, von den Babyloniern gegründete Stadt von Antakya aus über Gaziantep auf den Straßen 825 und 400. Allein der labyrinthartige Basar von Şanlıurfa mit seinen Kupferschmieden und kühlen Teehöfen ist einen Besuch wert. Anhänger aller Schriftreligionen glauben, dass sich Stammvater Abraham in Şanlıurfa aufgehalten hat. In der Abrahamsgrotte bei der Halil-ur-Rahman-Moschee aus dem 17. Jh. soll er geboren sein. Dass in den letzten Jahren rund um Şanlıurfa riesige Baumwollflächen entstanden sind, ist dem Südostanatolien-Projekt und dem **Atatürk-Staudamm** zu verdanken.

Auf der Straße 875 überqueren Sie den Euphrat nahe der gigantischen Staumauer nach **Adıyaman**, dem Ausgangspunkt für Exkursionen zum weltberühmten „Berg der Götter" **Nemrut Dağı** *(S. 75)*. Die riesigen Steinköpfe bilden das Grabdenkmal für König Antiochus I. von Komagene, einst Herrscher über ein Kleinreich von römischen Gnaden. Weil auch die Sonnenauf- und -untergänge auf dem Nemrut-Berg zu den unvergesslichen Türkeierlebnissen gehören, sollten Sie hier eine Übernachtung einplanen. Hier bietet sich das **Zeus Hotel** in dem nächsten Ort vor dem Aufstieg, **Kahta**, an. *(66 Zi. | Mustafa Kemal Caddesi 20 (Kahta-Adiyaman) | Tel. 0416/725 56 95 | Fax 725 56 96 | www.zeushotel.com.tr | €€)*.

3 SCHÖNSTE SÜDÄGÄIS IN 48 STUNDEN

Eine Rundreise, die Sie zu den trubeligen Ferienresorts Bodrum und Marmaris genauso führt wie zu den vielen schönen Buchten der Halbinsel Retadiye oder den liebenswerten Altstädten von Milas und Muğla. Für die 250 km lange (Land-)Strecke sollten Sie mindestens zwei Tage veranschlagen.

Beginn der Rundfahrt ist **Marmaris** *(S. 58)*, einst ein Fischerstädtchen, heute ein Touristen- und Seglerzentrum. Von dort geht die Reise zur Provinzhauptstadt **Muğla** mit vielen gut erhaltenen osmanischen Häusern landeinwärts. Sie können vor der Stadt einen Abstecher nach Osten zum **Köyceğiz-See** und dem idyllischen Ferienörtchen **Dalyan** *(S. 58)* machen.

Von Muğla führt die 330 nach **Milas**, einer stimmungsvollen Kleinstadt mit einem ebenfalls sehenswerten alten Zentrum. Von dort aus lohnt ein Abstecher, um den **Zeustempel von**

Ankern, wo es schön ist: Boote im Hafen von Bodrum

Euromos zu besichtigen, der als der besterhaltene antike Sakralbau der Türkei gilt.

Bodrum *(S. 31)* ist der nächste Halt, das „St.-Tropez der Türkei", denn in den Sommermonaten treffen sich die betuchten İstanbuler in den weiß getünchten Häusern der Stadt. Entsprechend vielfältig und ausgefallen ist das Nachtleben von Bodrum. Tagsüber sollten Sie sich die Kreuzritterburg am Eingang der Bucht und das im Burginnern befindliche urige Museum für Unterwasserarchäologie nicht entgehen lassen.

Von Bodrum aus geht es mit der Fähre in zwei Stunden hinüber nach **Körmen** auf der **Halbinsel Reşadiye**. Vorbei an felsiger Küste windet sich eine schöne Straße zur äußersten Spitze der Halbinsel, wo sich die **Ruinen von Knidos** befinden. In der terrassenartigen Anlage – im 7. Jh. v. Chr. von Dorern gegründet – sind u. a. Reste der Agora, der Theater und eines Aphroditetempels zu sehen. Um 300 v. Chr. lebte hier der Mathematiker Euklid. Von Knidos führt die Straße über das bei Urlaubern inzwischen sehr beliebte Fischerdorf **Datça** *(S. 59)* zurück nach Marmaris.

4 STIPPVISITE AN DIE SCHWARZMEERKÜSTE

Diese Tour führt zu einigen der Höhepunkte der östlichen Schwarzmeerküste. Die Täler und Berge des Pontus, die Abgeschiedenheit der Hochalmen *(yayla)* und der byzantinischen Klöster werden Sie in eindrücklicher Erinnerung behalten. Nicht zuletzt, weil sich die Türkei dort von einer ganz unerwarteten Seite zeigt. Für diese Tour von 650 km sollten Sie eine Woche einplanen. Mit anschließender Wanderung zwei bis vier Tage mehr.

Die Reise beginnt in **Trabzon** *(S. 83)*, dem alten Trapezunt. Hier sind noch Reste byzantinischer und griechischer Siedlungen zu besichtigen, wie die Hagia Sophia und die Zitadelle. Am Hafen gibt es nette Teegärten und Restaurants. Von dort geht es mit dem Auto auf der 885 über Maçka zum weltberühmten Kloster **Sümela** *(S. 84)*. Entweder fahren Sie die 43 km wieder zurück und übernachten in Trabzon, oder Sie setzen Ihren Weg fort über den großartigen Zigana-Pass und Bayburt zum **Uzungöl** *(S. 85)*. An diesem schönen Hochland-See können Sie am Ende einer langen Etappe übernachten, bevor Sie am 2. oder 3. Tag über die 915 nach Of an die Küste zurückkehren und einen kurzen Abstecher nach **Sürmene** machen. In der Kleinstadt (dienstags ist Markttag) ist besonders der festungsähnliche Palast sehenswert, den sich eine Schwarzmeer-Dynastie vor 200 Jahren errichten ließ. Ein großes Beispiel regionaler Architektur. Von dort führt Sie die Tour weiter gen Osten über Rize und Ardeşen zum 2000-Ew.-Ort Çamlıhemşin (ca. 120 km).

Von dort, vom Rand des Kaçkar-Gebirges geht es über Asphalt 17 km weiter hoch in die alpine Landschaft nach **Ayder** *(S. 84)*. Von dort aus können Sie in mehreren einzelnen Tagestouren das Kaçkar-Gebirge erkunden oder das Gebirge in – je nach Kondition – zwei bis vier Tagen nach Barhal in der Provinz Artvin überqueren (schließen Sie sich am besten einer Gruppe an). Von Ayder sind es 160 km zurück nach Trabzon.

EIN TAG IN İSTANBUL

Action pur und einmalige Erlebnisse.
Gehen Sie auf Tour mit unserem Szene-Scout

FÄHR-FRÜHSTÜCK

7:30

Leinen los! Eine frische Brise in den Haaren, vor dem Bug die Prinzeninseln, der Blick geht aufs glitzernde Marmara-Meer, dazu gibt's ein original türkisches Frühstück! An Bord der Fähren stillen heißer Çay und knusprige Sesamringe den ersten Hunger. **WO?** *Fähren von Kadiköy, Kabataş und Bostancı steuern die Inselgruppe an | www.ido.com.tr*

DESTINATION: BÜYÜKADA

9:00

Auf Steuerbord Büyükada, die *Große Insel*. Autos sind ein absolutes No-go, der Gipfel wird mit dem Mountainbike gestürmt! Das himmlische Ziel: die *Aya-Yorgi-Kirche* in 202 m Höhe. Kraft- und Schweißströme fließen beim steilen Anstieg, werden jedoch mit einem göttlichen Blick aufs Marmara-Meer belohnt, die Abfahrt sorgt für Adrenalinschübe. **WO?** *Verleih am Hafen | Miete für ein Mountainbike ca. 5 Euro*

UND ACTION!

10:45

Die Waden lechzen nach Abkühlung, und die sollen sie auch bekommen. Das Element wird zwar gewechselt, aber es geht wieder auf den Sattel. Diesmal steht ein wilder Ritt auf dem Jet-Ski an. Das Highlight danach: Hangout beim Szene-Lunch auf weißen Liegen! **WO?** *Yaman Beach Club | Nizam Mevkii Sok. No:14 | Prenses Koyu Büyükada | Tel. 0216 382 35 12*

13:00

KAFFEE MITTEN IM BOSPORUS

Rückwärtsgang einlegen und mit der Fähre zurück nach Kadıköy! Dort mit dem Taxi nach Salacak, wo ein kostenloses Privatboot wartet. Ziel der kurzen Motorbootfahrt ist der Leanderturm. 2500 Jahre alt ist das Wahrzeichen, abends diniert hier die Schickeria, tagsüber geht es lässiger zu bei Mokka und Sandwiches. **WO?** *Anlegestelle Salacak | www.kizkulesi.com.tr*

24 h

FREESTYLE AUF EIS

16:00

Und noch mal zurück aufs Festland. Ab Kadıköy geht's quer durch den Bosporus per Linienboot nach Bakırköy, wo bereits ein Taxi gen Ataköy wartet: Eiskalt ruft hier die Kür! Istanbuls Youngster flitzen gerne auf Kufen übers Glatteis. Die rasantesten Sportler unter der spektakulären Glaskuppel der *Galleria*-Mall bekommen sogar Applaus. **WO?** *Sahilyolu | Ataköy | ca. 4 Euro pro Stunde und Person | www.galleria-atakoy.com.tr*

18:30

COOKING ALATURKA

Hungrig? Gleich gibt's osmanische Delikatessen. Die feinen Speisen werden beim Kochkurs in der Altstadt Sultanahmet unter professioneller Anleitung eigenhändig zubereitet und anschließend genüsslich verköstigt. **WO?** *Sarniç Hotel | Kuçuk Ayasofya Cad. 26 | 45 Euro | Anmeldung unter: E-Mail info@cooking alaturka.com, Tel. 02125182323 | www.cookingalaturka.com*

AB IN DEN SCHWITZKASTEN!

21:00

Nach dem paschaesken Schlemmergang geht's mit bewährter Nobel-Wellness weiter: Schwitzen wie die Sultane im *Çemberlitaş Hamam*! Erholung pur seit 1548 bieten rabiat-wohltuende Olivenseife-Massagen fachkundiger Hände. Kräftiges Schrubben, Waschen und Ölen lassen die Haut glänzen. **WO?** *Çemberlitaş Hamamı | Vezirhan Cad. 8 | ab 15 Euro | www.cemberlitashamami.com.tr*

23:00

SHISHA UND STEINCHEN-SPIELE

Frisch massiert und mit makellosem Teint flaniert es sich wie auf Wölkchen zum Chill-out nach Tophane. Fläzen und Nichtstun sind angesagt – auf Sitzkissen und mit türkischer Wasserpfeife. Beim inoffiziellen Backgammon-Turnier an den vielen Tischen dürfen übrigens alle mitmachen; vorher sollte man allerdings ein wenig geübt haben! **WO?** *Tophane | Amerikan Pazarı*

> UNTEN SURFEN, OBEN IM SCHNEE WEDELN

Mit ihren Meeren, Bergen und Flüssen bietet die Türkei jedem Sportler eine echte Herausforderung

> Auch wenn das Lieblingsziel der Pauschaltouristen immer noch die türkische Riviera ist, nimmt die Zahl derer zu, die für einen Aktivurlaub in die Türkei reisen. Unberührte Berglandschaften, bezaubernde Wanderrouten und die herrliche Natur machen das Land zu einem lohnenden Ziel von Amateur- und Profisportlern.

BERGSTEIGEN

Vom höchsten Berg Ağrı (Ararat) im Osten (5137 m) bis hin zum *Taurusgebirge* (Toroslar) am Mittelmeer oder den *Karadeniz Dağları* und *Kaçkarlar* entlang der Schwarzmeerküste reichen die Spitzen in der Türkei. Mittelhohes Gebirge wie *Kazdağı, Ilgaz, Samanlı, Bolu* oder *Uludağ* laden zum Felsensteigen und zu Wandertouren ein. Das Taurusgebirge ist sowohl im Sommer als auch im Winter für Bergsteiger geeignet. Im Westen haben die *Beydağları* und *Akdağlar* mit ihren 3000er Gipfeln

SPORT & AKTIVITÄTEN

gute Routen für Winter- und Felssteigungen. Im mittleren Bereich liegen die *Bolkar* und *Aladağlar*, durch den *Gülek-Pass* getrennt. Hier gibt es Bergseen in 2000 m Höhe sowie unzählige Cañons und Höhlen. Am östlichen Schwarzmeer gelegen ist das *Kaçkar-Gebirge* mit Gipfeln wie *Verçenik* (3932 m) und seiner grünen Vegetation. Eine gute und preiswerte Adresse für Bergtouren vor Ort, auch auf dem Ararat, ist *Nes Travel İstanbul (General Yazgan Sok.17 | Tünel-Beyoglu/İstanbul | Tel. 0212/244 31 31 | www.nestravel.com)*.

GOLF

Beliebt bei Golfern sind die Anlagen in İstanbul und an der Mittelmeerküste. Die Clubs bieten auch Kurse an. Der *Gloria Golf Club* ist ein Fünf-Sterne-Hotelkomplex auf 110 ha mit eigenen Kursen *(18 Loch | Par 72 | 6288 m | Acısu Mevkii | Belek/*

Antalya | Tel. 0242/715 15 20 | Fax 715 15 25 | www.gloriagolf.com). Der auf 92 ha angelegte Championship-Golfplatz mit engen Fairways des *National Golf Club* ist anspruchsvoll und mit 7 Wasserhindernissen/Seen versehen *(18 Loch | Par 72 | 5569 m | Belek Turizm Merkezi | Serek | Tel. 0242/725 54 00 | Fax 725 53 99 | www.agne.com.tr/spor/golf2/nat.htm). Der Kemer Golf & Country Club* im *„Belgrader Wald"* ist nur 30 Min. vom Stadtzentrum İstanbuls entfernt, *(Tel. 0212/239 77 70 | Fax 239 77 76 | www.kemercountry.com).*

PARAGLIDING

Ölüdeniz/Fethiye: Vom Babadağ (1700 m) geht's ab nach unten. Wegen der Meereslage und ruhiger Windverhältnisse schaffen es geübte Flieger, 5 Stunden in der Luft zu bleiben und bis zu 3500 m Höhe zu steigen. Der lange, breite Strand ist ideal zur Landung. Doch Achtung: Es passieren auch Unfälle! Der Flug wird am Vortag vor Ort gebucht *(z. B. Flying Dutchman | Tel. 0252/617 02 01).*

RAFTING

Die türkischen Flüsse sind oft das ganze Jahr hindurch für Rafting geeignet. Erfahrene Reiseleiter begleiten die Gruppen. Ab 14 darf jeder Schwimmer mit. Weltweit unter den besten zehn Raftingflüssen: Der *Çoruh* (über 350 km) entspringt in 3500 m Höhe und fließt ins Schwarze Meer. Prächtige Cañons, klares Wasser, Bären, schneebedeckte Gipfel. Wandern und Rafting werden oft kombiniert in 8-Tages-Touren angeboten: *Buklamania | Yeni Çarşı Cad. 28/1 | Galatasaray | İstanbul | Tel. 0212/245 06 35 | Fax 245 08 14 | www.buklamania.com.* Ausflüge zum *Dalaman-Fluss: Alternatif Outdoor | Marmaris | Tel. 0252/417 27 20 | Fax 417 39 52 | www.alternatifraft.com*

Insider Tipp

REITEN

Ob in exklusiven Reitclubs oder ad hoc am Strand – das Reiten macht überall Spaß. In İstanbul gibt es den traditionsreichen Reitclub, wo man anklopfen kann *(Atlı Spor Kulübu | Tel. 0216/731 39 20).* Am Mittelmeer bietet sich die *Oranj Ranch (Tel. 0242/824 62 90)* in *Kemer* an.

SKIFAHREN

Die Türkei hat hohe Gebirge, wo die Schneedicke unter Normalbedingun-

Nichts für Wasserscheue: Rafting auf dem Köprülü Kanyon

gen 3 m erreicht. Ski fahren kann man in den *Nordanatolischen Bergen* (2587–3932 m), dem *Toros-Gebirge* im Süden (3086–4136 m), auf dem *Erciyes* (3917 m) und *Ağrı*.

120 km westlich von Ankara hat sich *Bolu Kartalkaya* zum beliebten Skigebiet entwickelt. Restaurants, Hallenbad und Disko runden das Angebot ab. *Grand Kartal Hotel | Tel. 0374/234 50 50 | Fax 234 50 47, www.grandkartal.com.*

Insider Tipp *Saklıkent/Antalya:* Nehmen wir an, es ist März, und in Antalya wird gebadet und gesurft, was das Zeug hält. Sie sind schon ganz braun und glücklich. Und dann fahren Sie 50 km nordwestlich in die Beydağları-Berge. Auf 2200 m Höhe stecken Sie plötzlich bis zu den Knien im Schnee, mieten sich ein paar Skier und sausen durch eine weiße Waldlandschaft. So etwas soll es nirgendwo anders geben! Übernachten können Sie weiterhin in Antalya.

STRÄNDE

Die besten Strände finden Sie am Mittelmeer von Kalkan im Westen bis Mersin im Osten. In der Türkei wehten im Jahr 2007 an insgesamt 192 Stränden und 14 Marinas die Blauen Flaggen, die für die Sauberkeit des Wassers international verteilt werden *(www.antalya.de/blueflag.htm)*. Die Strände am Schwarzen Meer um *Ağva/Şile* und *Sinop* herum sind viel einsamer, aber auch etwas kühler als die im Süden. Bei İstanbul geht man an der Schwarzmeerküste (z. B. *Kilyos*), im Süden in *Erdek* und auf den Inseln im Marmarameer baden *(Avşa, Marmara Adası)*. Die Ägäisküste hat in der Regel Kieselstrände oder felsige Küsten. Je weiter südlich, desto mehr Sand gibt es, z.B. um Marmaris herum *(İçmeler)* oder in *Ölüdeniz* bei Fethiye. Der schönste Strand ist *Patara* im Süden.

TAUCHEN

In İstanbul, am Mittelmeer und an der Ägäis kann getaucht werden. Von Amateurlehrgängen bis hin zu Angeboten für Profis reicht die Palette. In Alanya z.B. fühlt man sich in der *Walter-Schmidt-Tauchbasis* wie zu Hause *(Tel. 0242/513 12 96)*. Viele Anfänger gehen nach *Kas*, um den PADI- oder CMAS-Tauchschein zu machen, der in mehreren Schulen mit eigenem Boot angeboten wird: *Nautilus Diving | Likya Cad. 1/A | Kas-Antalya | Tel. 0242/836 20 85 | Fax 836 25 80 | www.nautilusdiving.org.* Profis tauchen auch in den *Dardanellen* und im *Golf von Saros* bei Çanakkale *(Neptün Dalış Merkezi | Büyük Truva Oteli | Cevat Paşa Mah. | Mehmet Akif Ersoy Cad. 2 | Tel. 0286/217 10 24 | Fax 217 09 03).*

TREKKING

Die Bergkette des *Taurusgebirges* erstreckt sich über 2000 km Länge. Der höchste Gipfel ist *Demirkızık* (ca. 4000 m). Nach langen Wanderungen durch Pässe und über Bergseen werden Sie in den Zeltlagern der Nomaden mit warmer Suppe empfangen. Übernachten in Antalya. Die vulkanischen Täler von *Kızılçukur, Güllüdere* und *Zindanönü*, die in Felshöhlen gebauten Dörfer und der Damsa-See, wo zum krönenden Abschluss geschwommen werden kann, machen das Trekking in *Kappadokien* zum Erlebnis.

> KINDER SIND HIER JEDERZEIT WILLKOMMEN

Von Kinderparadiesen in Clubhotels bis hin zu Tauchkursen für die Jüngsten – die interessantesten Angebote

> Es ist nicht leicht, in der Türkei „Angebote für Kinder" aufzulisten, denn Kinder sind hier überall willkommen! In diesem wirklich sehr kinderfreundlichen Land werden Sie erleben, dass Ihr Anhang nie als lästig empfunden wird. Verkäufer wie Kellner werden die Kids auf den Arm nehmen und spazieren führen, während Sie in Ruhe schauen oder essen können. Kinder werden beschenkt, beküsst, getätschelt – bis Sie „Stopp" sagen. Manchmal werden Sie das müssen!

> www.marcopolo.de/tuerkei

Touristische Anlagen haben, sofern sie nicht ausdrücklich für junge Paare oder Singles ausgewiesen sind, alle Einrichtungen für Kinder. Dazu gehören Hochstühle, Kinderzimmer, Animation, Kinderpools. Feriendörfer bieten oft auch Babysitter gegen Bezahlung an. In guten Anlagen am Mittelmeer amüsieren sich die Kids den ganzen Tag untereinander so gut, dass Sie sich auch einmal ruhig am Strand zurücklehnen können.

MIT KINDERN REISEN

Acht geben sollten Sie auf große Swimmingpools, die mittlerweile jedes Hotel schmücken – vor allem nachts sind sie eine große Gefahr, bei einigen sind die Abflüsse nicht mit Gittern gesichert! Die pralle Mittagssonne ist natürlich zu meiden. Lebensmittel sollten nicht offen auf der Straße gekauft werden.

Wenn Ihr Kind von einer der vielen Straßenkatzen oder -hunden gebissen werden sollte, gehen Sie unbedingt zum Arzt und lassen eine Tollwutimpfung machen. Die gesundheitliche Versorgung ist – mit Ausnahme ganz entlegener Orte – sehr gut, und große Hotels haben ihre eigenen Ärzte. Achtung: Privatkliniken sind oft eine Geldfalle!

RUND UM İSTANBUL

KEMERBURGAZ/DURUSU [115 D2]

Nur 40 km von der 12-Millionen-Metropole entfernt liegt ein großes

Erholungsgebiet. Hier befinden sich auch die Überreste des römisch-byzantinischen Aquädukts, das vom Baumeister Sinan ergänzt wurde. Auf 5 km² bis hin zum Schwarzen Meer sind ein komfortables Hotel mit Innenpool, ein Reithof mit Ponys sowie eine kleine Eisenbahn. Animationen für Kinder, Mountainbikes und Kanus zu mieten. *Durusu Park Resort Hotel | Sales Office: Tel. 0212/232 41 12 | Fax 232 20 56 | Hotel: 0212/767 90 20 | Fax 767 90 20 | www.viptourism.com.trdurusu/*

Insider Tipp

RAHMI KOÇ SANAYI MÜZESI [115 E2]

Herrliche Modellschiffe und -eisenbahnen, richtige Flugzeuge, Wrackteile, Originaloldtimer – das von einer Großindustriellenfamilie gegründete Museum macht nicht nur die Geschichte der Technik von den ersten astronomischen Geräten bis hin zu Computern anschaulich, es enthält eine Masse wertvoller Originale. In nachgebauten Kapitänsbrücken fühlt man sich wie auf dem Ozean. Anschließend toben in den Parks des Goldenen Horn. *Di–So 10–17 Uhr | Eintritt 6,50 Euro | Hasköy Cad. 2 | Hasköy/İstanbul | www.rmk-museum.org.tr*

WESTKÜSTE

RITTERBURG IN BODRUM [122 C4]

Von den St.-Jean-Rittern Anfang des 15. Jhs. erbaut, beispielhaft für die Architektur aus der Periode der Kreuzzüge, beflügelt die große, restaurierte Burg von Bodrum die Phantasie. Auf die vielen Türme klettern und die Wappen der Kreuzritter bewundern. Das Glaswrack, die Amphorenkollektion, die Folterkammer, das „Gästezimmer der Prinzessin Ada" samt ihrem Skelett und nicht zuletzt die vielen Wrackfunde der Unterseearchäologie in der Ägäis machen die Burg zu einem echten Erlebnis. *Di–So 8–12 und 13–17 Uhr | im Sommer 9–19 Uhr | Eintritt, 6,50 Euro | Kale Meydanı | Bodrum*

SÜDKÜSTE

LYKIA WORLD/FETHIYE [123 E5]

Hinter den lykischen Bergen in einer pinienbewachsenen Bucht liegt die 360 km² große Ferienanlage mit einem 750 m langen Kiessandstrand. Die Abenteuerwelt für Kinder gehört zu den schönsten im Mittelmeergebiet: drei beheizbare Planschbecken für Kleinkinder, 15 Rutschbahnen, Abenteuerhöhle, Schatzinsel, Wasserkanonen und Räuberwald. Es gibt Kindertheater, Judo, Fußball, eine Hobby- und Kunstwerkstatt, Skateboards (Juli–Okt.), Trampolin, Tischtennis und Billard sowie Kinderkurse in Schwimmen, Surfen, Segeln, Tennis und Tauchen. Im Preis inbegriffen ist die Betreuung ab 3 Jahren.

Die Kids fahren nach dem Frühstück mit der Bummelbahn in ihr Paradies. Babysitter rund um die Uhr gegen Gebühr, Kinderwagen gegen Pfand. Der Club bietet eine Küche zur Zubereitung von Babynahrung. Überwiegend deutsche und österreichische Kundschaft. *PK 102 Ölüdeniz/Fethiye | Tel. 0252/617 02 00 | 617 04 00 | Fax 617 03 50 | www.silkar.com/lykiaworld | www.lykiaworld.de*

TAUCHEN MIT KINDERN [124 A5]

In Antalya, am Beach von Tekirova, können Sie mit der ganzen Familie

Tauch- und Strandferien machen. Die Tauchbasis *Azur* am IFA-Beach-Hotel bietet auch Kurse für Kinder ab 10 Jahren an. Entweder sind die Kleinen mit dabei, wenn die Großen vom Boot aus die wunderbare Unterseewelt und Höhlen erkunden, oder sie machen gleich den einwöchigen Poolkurs mit Flasche und schnuppern vom Ufer aus im Meer (ca.

Kinder in Tracht

125 Euro). Ein schmuckes Zertifikat zum Aufhängen gibt´s auch. Schnorchel- und Tauchkurse werden auch für Erwachsene angeboten. Das Hotel wird ökologisch bewusst geführt. Buchen über *IFA-Hotel GmbH | Düsseldorfer Straße 50 | 47051 Duisburg | Tel. 0203/99 27 66 13 | Fax 992 76 91 oder Tel. 0130/85 25 45 (zum Nulltarif)*. Tauchbasis *Azur* im Hotel: *Tel. 0242/821 40 46 | www.azur.de*

SCHWARZMEERKÜSTE

RIVERSIDE CLUB/ AĞVA [115 E2]

Wo Süß- und Salzwasser zusammenkommen, lassen sich nicht nur tolle Sandburgen bauen: Melden Sie sich bei Ümit Bey – einmalig liegt sein *Riverside Club-Hotel* an dem Fluss Göksu, der im Schwarzmeer mündet. Hoteleigene Kanus, Flussgondel, Tret- und Motorboote erlauben herrliche Erkundungsfahrten am baumgesäumten Fluss. Die Fische müssen vor dem Frühstück gefüttert werden, wer kann, zieht einen Zander heraus. Für ein Urlaub mit Kindern geradezu ideal. Von İstanbul/Üsküdar fahren regelmäßig Busse nach Ağva. *Riverside Club | Yakuplu Mah. 2 | Ağva | Tel. 0216/721 82 93 | Fax 721 87 51 | umut@riverside.com.tr*

POLONEZKÖY [115 E2]

In der Mitte des 19. Jhs. von eingewanderten Polen gegründet, lädt das „Polendorf" heute zu einem gepflegten Landurlaub mit Kindern ein. Die Nähe zu İstanbul – nur 25 km entfernt – macht das Dorf auch kombiniert mit einem Stadturlaub attraktiv. Im Frühling blüht alles auf, die Obstbäume strahlen in voller Pracht. Im Juni kann bei der Kirschenernte mitgeholfen werden. Und im Winter liegt hier meistens Schnee. Es gibt Fahrräder zu mieten und Ponys zum Reiten. Das Hotel *Polka Country* ist in einem restaurierten Fachwerkhaus untergebracht *(| 15 Zi | Cumhuriyet Yolu 36 | Tel. 0216/432 32 20 | Fax 432 30 42 | www.polkahotel.com)*. Gut essen können Sie im *Leonardo Restoran (Tel. 0216/ 432 30 82)*.

> VON ANREISE BIS ZOLL

Urlaub von Anfang bis Ende: die wichtigsten Adressen und Informationen für Ihre Türkeireise

ANREISE

Das übliche Verkehrsmitel für Türkeibesucher aus Deutschland, Österreich und der Schweiz ist das Flugzeug. Turkish Airlines, Lufthansa und Chartermaschinen fliegen von allen großen Flughäfen täglich in die Türkei, im Sommer auch zu Ferienzentren wie Antalya, Dalaman oder Bodrum. Turkish Airlines fliegt jede größere Provinzhauptstadt in Anatolien an (Samsun, Diyarbakır, Van, Urfa usw.). Vor allem die türkischen Reisebüros sind auf Türkei-Reisen spezialisiert. Linienflüge in die Türkei kosten um 600 Euro, Charterflüge sind bei früher Buchung viel billiger zu haben.

Die Anreise mit dem eigenen Auto ist über die Route München, Graz, Zagreb, Belgrad, Sofia, Edirne möglich, aber sehr beschwerlich.

Von München fährt ein Zug nach İstanbul, der allerdings rund 40 Stunden braucht und auch nicht billiger ist als das Flugzeug. Von Mai bis Oktober kann man vom ungarischen Lebeny mit einem Autoreisezug nach İstanbul fahren. Auskunft: *Optima Tours | München | Tel. 089/59 22 72*

Schiffe gibt es von Venedig, Brindisi und Bari. Die Fahrt kostet aber mit Auto, Kabine und Vollpension rund 1500 Euro. Auskunft: *RECA Reiseagentur Sindelfingen | Tel. 07031/86 60 10 | www.reca.de*

PRAKTISCHE HINWEISE

Das Preiswerteste, aber auch Anstrengendste ist eine Busreise. Busse gibt es hauptsächlich nach İstanbul. Man bucht sie am besten über ein türkisches Reisebüro. Die Reise dauert rund zwei Tage.

AUSKUNFT

TÜRKISCHE FREMDENVERKEHRSÄMTER

– *Tauentzienstr. 9–12 | 10789 Berlin | Tel. 030/214 37 52 | 214 38 52 | Fax 214 39 52 | www.turizm.gov.tr*

– *Baseler Str. 35–37 | 60329 Frankfurt/M. | Tel. 069/23 30 81 | Fax 23 27 51 | www.reiseinfo-tuerkei.de*

– *Karlsplatz 3/1 | 80335 München | Tel. 089/59 49 02 | 59 43 17 | Fax 550 41 38*

– *Singer Str. 2/8 | 1010 Wien | Tel. 01/ 512 21 28–29 | Fax 513 83 26 | www.turkinfo.at*

– *Talstr. 82 | 8001 Zürich | Tel. 01/ 221 08 10–12 | Fax 212 17 49 | www.tuerkei-info.ch*

Touristinfos in der Türkei heißen *Turizm Bürosu*.

AUTO

Vergessen Sie bei Reisen mit dem eigenen Fahrzeug nicht die grüne Versicherungskarte. Wichtig ist auch eine Kurzkasko- und Insassenunfallversicherung für die gesamte Türkei, denn meistens gilt der Versicherungsschutz nur für den europäischen Teil des Landes. Für eine spätere Schadensregulierung ist ein Polizeiprotokoll erforderlich.

Die zulässigen Höchstgeschwindigkeiten: in Ortschaften 50 km/h, außerhalb 90 km/h und auf Autobahnen 130 km/h. Die Alkoholgrenze beträgt 0,5 Promille.

Kartenmaterial und Tipps für Autofahrer gibt es beim *ADAC* oder beim *Türkischen Touring- und Automobilclub, TTOK (Türkiye Turing ve Otomobil Kurumu) 1. Oto Sanayii Sitesi Yanı | 4. Levent | İstanbul | Tel. 0090/212/ 282 81 40 | Fax 282 80 42.* TTOK unterhält auf den Strecken Edirne–İstanbul–Ankara sowie İzmir–Ankara einen Pannendienst. *ADAC-Notrufstation* in İstanbul: *Tel. 0212/288 71 90-91*

WAS KOSTET WIE VIEL?

KAFFEE	2 EURO	für eine Tasse Nescafé
TEE	75 CENT	für ein Glas
IMBISS	2 EURO	für einen Döner
HAMAM	25 EURO	für einen Besuch
BENZIN	AB 2 EURO	für 1 l Super
TAXI	80 CENT	pro km

BANKEN & GELDWECHSEL

Öffnungszeiten: 9–12 und 13–17 Uhr, in Großstädten oft durchgehend und bis 18 Uhr. Mit Ihrer EC- oder Kreditkarte können Sie fast überall an Bankautomaten Geld ziehen (Geheimzahl der Kreditkarte nicht vergessen!). Bei Reisen in kleinere Orte sollten Sie genug Bargeld dabeihaben, ruhig auch kleinere Euro-Scheine. Viele Geschäfte und Restaurants und fast alle Hotels akzeptieren die gängigen Kreditkarten. Wenn Sie tauschen wollen, gehen Sie zu einem Devisenbüro *(döviz bürosu)*, dort bekommen Sie einen wesentlich besseren Kurs als bei der Bank. Auf keinen Fall empfiehlt es sich, vor der Abreise im Heimatland Geld zu tauschen.

BUS

Die Busverbindungen reichen im Gegensatz zur Bahn bis in die entferntesten Winkel. Aber reduzieren Sie das Unfallrisiko, indem Sie billige Anbieter meiden! Die Firmen Ulusoy und Varan setzen moderne Reisebusse ein; außerdem wird auf längeren Strecken der Fahrer mehrmals gewechselt. *Ulusoy | Tel. 0212/658 30 001 (24 Std.) | www.ulusoy.com.tr | Varan | Tel. 0216/336 96 10 oder 0212/251 74 74 (24 Std.) | www.varan.com.tr*

DIPLOMATISCHE VERTRETUNGEN

DEUTSCHE BOTSCHAFT

Atatürk Bulvarı 114 (Kavaklıdere) | 06540 Ankara | Tel. 0312/455 51 00 | Fax 467 92 81 | www.ankara.diplo.de

DEUTSCHES GENERALKONSULAT

İnönü Cad. 16–18 (Beyoğlu) | 80073 İstanbul | Tel. 0212/334 61 00 | Bereitschaftsdienst: 334 61 51 | Fax 249 99 20 | www.istanbul.diplo.de

> BLOGS & PODCASTS

Gute Tagebücher und Files im Internet

- *www.hallodoku.de/category/blog-turkei-weblog* – Weblog, den der Fotograf Jens Helmstedt auf seinen Reisen durch die Türkei unterhält.
- *www.taz.de/blogs/istanbulblog* – Fortlaufendes Blog unserer Autorin Dilek Zaptcioglu aus ihrer Heimatstadt İstanbul mit wertvollen Tipps und interessanten Geschichten.
- *www.podlog.de/de/freizeit/reise/335924.html* – Im Reiseblog „Sundowner" berichten Urlauber von ihren Türkei-Eindrücken.
- *www.dasding.de* – Informative Sendungen des SWR über den Islam und den muslimischen Alltag.
- *www.multikulti.de* – Der multikulturelle Sender der Rundfunkanstalt in Berlin und Brandenburg, RBB, bietet auf seiner Webseite interessante Podcasts über die Türkei und die Türken.
- *http://reisecast.podspot* – Hier berichten Urlauber von ihren Reiserlebnissen und geben viele nützliche Tipps!

Für den Inhalt der Blogs & Podcasts übernimmt die MARCO POLO Redaktion keine Verantwortung.

PRAKTISCHE HINWEISE

ÖSTERREICHISCHE BOTSCHAFT
Atatürk Bulvarı 189 (Kavaklıdere) | 06540 Ankara | Tel. 0312/419 04 31 | Fax 418 94 54 | ankara-ob@bmeia.gv.at

ÖSTERREICHISCHES GENERALKONSULAT
Köybaşı Cad. 46 (Yeniköy) | 80870 İstanbul | Tel. 0212/262 93 15 | Fax 262 26 22 | istanbul-gk@bmeia.gv.at

SCHWEIZER BOTSCHAFT
Atatürk Bulvarı 247 (Kavaklıdere) | 06540 Ankara | Tel. 0312/467 55 55 | Fax 467 11 99 | www.eda.admin.ch/ankara

SCHWEIZER GENERALKONSULAT
1. Levent Plaza | A-Blok, 3. Etage | Büyükdere Cad. 173 (Levent) | 34394 Istanbul | Tel. 0212/283 12 82 | Fax 283 12 98 | ist.vertretung@eda.admin.ch

DOLMUŞ

Billig sind Fahrten mit den Sammeltaxis *(dolmuş)*. Das sind Kleinbusse, die auf bestimmten Strecken verkehren und überall dort anhalten, wo Fahrgäste ein- oder aussteigen möchten. Die Preise variieren in der Stadt zwischen 60 Cent und 2 Euro.

EINREISE

Deutsche und Schweizer brauchen für einen bis zu drei Monate langen Aufenthalt lediglich ihren gültigen Pass oder Personalausweis. Österreicher müssen bei der Einreise auf dem Flughafen ein Visum erwerben.

FOTOGRAFIEREN

Das Ablichten von Einrichtungen und Fahrzeugen von Armee und Polizei ist streng untersagt. Dazu gehören auch Brücken und Häfen. Der Islam verbietet das Porträtieren – sagen Strenggläubige. Bitte keine verschleierten Frauen fotografieren. Wenn man nicht ausdrücklich zu einem Foto aufgefordert wird, sollte man abweisende Handbewegungen respektieren. Filme, Speicherkarten und Batterien sind teurer als in Deutschland.

WÄHRUNGSRECHNER

€	TL	TL	€
1	1,67	1	0,60
2	3,33	2	1,20
3	5,00	3	1,80
4	6,67	4	2,40
5	8,33	5	3,00
7	11,67	7	4,20
12	19,99	12	7,20
25	41,65	25	15,00
125	208,23	125	75,00

GESUNDHEIT

Das Leitungswasser eignet sich nicht zum Trinken. In den staatlichen Krankenhäusern (SSK Hastanesi) müssen Sie Ihren für die Türkei ausgestellten Auslandskrankenschein gegen einen gültigen Behandlungsschein eintauschen, dann werden Sie kostenlos behandelt. Daneben gibt es auch Privatkliniken, die meist weniger überfüllt und besser ausgestattet, aber teuer sind. In Apotheken *(eczane)* erhalten Sie viele gängige Medikamente billiger als in Deutschland und oft auch ohne Rezept.

INTERNET

Unter *www.istanbulcityguide.com* können Sie sich über fortlaufende Veranstaltungen informieren, Tickets gibt es unter www.biletix.com. Die Suche unter www.hotelguide.com.tr führt Sie zu Hunderten von Unterkünften in der ganzen Türkei. www.bigglook.com/biggtravel ist eine sehr informative Webseite auf Englisch. Empfehlenswerte Seiten in Deutsch: www.ratgeber-tuerkei.de (mit vielen nützlichen Links), www.tuerkei.de (mit Tipps von Türkeireisenden und der Möglichkeit zum Chat), www.aysen.net (private Homepage mit zahlreichen Informationen), www.tuerkischebotschaft.de und www.kultur.gov.tr (Website des türkischen Tourismusministeriums).

INTERNETCAFÉS

Internetcafés finden sich in fast allen Ecken der Türkei. Surfen kostet ab 2 Euro pro Stunde. Antalya: *Akdeniz Internet Center | Antalya Caddesi 14 (Manavgat) | Tel. 0242/742 95 82 | akdeniz_internet_center@hotmail.com;* Bodrum: *Palmiye Internet Café | Neyzen Tevfik Cad. 196 | Tel. 0252/313 81 94 | palmiye@efes.net.tr;* İstanbul: *Yağmur Cybercafé | Şeyh Bender Sokak | Tünel | Beyoğlu | Tel. 0212/292 30 20 | café@citlembik.com.tr*

MIETWAGEN

Die großen Autovermieter haben auch in der Türkei Vertretungen. Viel billiger ist es, vor Ort bei den zahlreichen Rent-a-Car-Firmen ein Auto zu mieten (ab ca. 25 Euro/Tag für einen Kleinwagen inkl. aller Kilometer). Sie müssen bei der Vertragsabschließung zur Sicherheit einen Blankoscheck unterschreiben, der bei Ablieferung des Wagens zerrissen wird.

NETZSPANNUNG

Die Netzspannung beträgt 220 Volt. Adapter sind nicht notwendig.

WETTER IN İZMIR

	Jan.	Feb.	März	April	Mai	Juni	Juli	Aug.	Sept.	Okt.	Nov.	Dez.
Tagestemperaturen in °C	12	14	16	21	26	30	33	33	29	24	19	14
Nachttemperaturen in °C	5	5	6	10	14	18	21	21	17	14	10	7
Sonnenschein Std./Tag	4	6	6	8	10	12	13	12	10	8	6	4
Niederschlag Tage/Monat	12	9	7	6	4	1	0	0	1	4	6	11
Wassertemperaturen in °C	15	13	14	15	18	21	23	23	22	20	17	16

PRAKTISCHE HINWEISE

NOTRUF

Polizei: 155; Feuer: 110; Notarzt: 112

POST

Postkästen gibt es in der Türkei nicht mehr. Man gibt Briefe und Postkarten in den Hotels oder Postämtern (PTT) ab.

PREISE & WÄHRUNG

Mit der Reform 2005 wurden an der türkischen Währung sechs Nullen gestrichen. Die neue Währungseinheit ist die Türk Lirası (TL), aber die alte Türkische Lira (TL) bleibt noch bis 2015 gültig. Es gibt Scheine zu 1, 5, 10, 20 und 50 TL. Ein TL ist in 100 Kuruş gestückelt. Münzen sind zu 10, 25 und 50 Kuruş sowie 1 TL zu haben. Achtung: TL-Münzen ähneln stark den Euromünzen!

Viele Museen nehmen dieselben Eintrittspreise für Kinder und Erwachsene. Bei Kindern bis etwa 8 Jahre wird meist auf Eintritt verzichtet. Schüler- und Studentenausweise sind hilfreich.

SICHERHEIT

Das Auswärtige Amt informiert Reisende ausführlich auf der Website *www.auswaertiges-amt.de* und durch das Infotelefon *(030/50 00 20 00)* über die Sicherheit im Zielland. Bitte beachten Sie vor Ihrer Abreise die offiziellen Hinweise.

TAXI

Bestehen Sie darauf, dass das Taxameter eingeschaltet wird, lassen Sie sich nicht auf Pauschalpreise ein. Besteigen Sie nie ein Taxi ohne Wechselgeld. Zu große Scheine bringen viele Fahrer in Verlegenheit. Zwischen 0 Uhr und 6 Uhr gilt der Nachttarif (50 Prozent teurer).

TELEFON & HANDY

Die türkische Telekom ist noch ein staatliches Unternehmen und Telefonate nach Hause sind sehr teuer! Zwischen 20 und 6 Uhr gilt der Mondscheintarif. Telefonkarten gibt es in Postämtern und an Kiosken *(telefon kartı)*. Vorwahlen: Deutschland: 0049, Österreich: 0043, Schweiz: 0041, Türkei: 0090.

Handys sind in der Türkei sehr gebräuchlich, das Land ist flächendeckend für den Handyempfang ausgerüstet. Deutsche Handys funktionieren, es ist aber kostspielig, sie zu benutzen.

TRINKGELD

In Restaurants und Hotels sind zehn Prozent Trinkgeld üblich. Beim Bezahlen einer Taxifahrt kann man etwas aufrunden, Trinkgelder werden aber nicht erwartet.

ZEITUNTERSCHIED

Die Türkei ist uns um eine Stunde voraus, auch während der Sommerzeit, die in der Türkei am gleichen Tag beginnt und endet wie in Deutschland.

ZOLL

Ausländische und türkische Währung darf in unbegrenzter Höhe eingeführt werden. Nach Deutschland dürfen u.a. eine Stange Zigaretten, 250 g Rauchtabak oder 50 Zigarren, 1 l Spirituosen und 2 l Wein eingeführt werden. Infos online unter *www.zoll-d.de*

> TÜRKÇE BILIYORMUSUN?

„Sprichst du Türkisch?" Dieser Sprachführer hilft Ihnen, die wichtigsten Wörter und Sätze auf Türkisch zu sagen

Aussprache	
ı	nur angedeutetes „e" wie in „bitt**e**n, dank**e**n", Bsp.: ırmak
c	wie in „In**g**enieur", Bsp.: cam
ç	wie in „Tscheche, deu**tsch**", Bsp.: çan
h	wie in „Ba**ch**, no**ch**", Bsp.: hamam
ğ	„Dehnungs-g", wird nicht ausgesprochen. Entspricht deutschem „Dehnungs-h" in „Za**h**n", Bsp.: yaCmur
j	wie in „Gara**g**e, Lo**g**e", Bsp.: jilet
ş	wie in „**sch**ön, Ti**sch**", Bsp.: teker
v	wie in „**W**asser, **V**ioline", Bsp.: vermek
y	wie in „**j**eder", Bsp.: yok
z	wie in „le**s**en, rei**s**en", Bsp.: deniz

AUF EINEN BLICK

Ja./Nein.	Evet./Hayır.
Bitte./Danke.	Lütfen./Teşekkür ederim.
Gern geschehen.	Rica ederim.
Entschuldigung!	Afedersiniz!/Özür dilerim.
Wie bitte?	Efendim?/Nasıl?
Ich verstehe Sie/dich nicht.	Sizi/Seni anlayamıyorum.
Ich spreche nur wenig …	Biraz … konuşuyorum.
Können Sie mir bitte helfen?	Lütfen bana yardım eder misiniz?
Ich möchte …	… istiyorum.
Das gefällt mir (nicht).	Bu hoşuma gidiyor (gitmiyor).
Haben Sie …?	Sizde … var mı?
Wie viel kostet es?	Bu kaça?
Wie viel Uhr ist es?	Saat kaç?
Wo sind bitte die Toiletten?	Affedersiniz, tuvalet nerede?

KENNEN LERNEN

Guten Morgen!	Günaydın!
Guten Tag!	İyi günler!/Merhaba!
Guten Abend!	İyi akşamlar!
Hallo! Grüß dich!	Merhaba!/Selâm!
Wie ist Ihr Name, bitte?	İsminiz nedir?/Adınız nedir?
Mein Name ist …	İsmim …
Auf Wiedersehen!	Allaha ısmarladık!
Tschüss!	Eyvallah!/Hoşça kal!

SPRACHFÜHRER TÜRKISCH

UNTERWEGS

links/rechts/geradeaus	sol/sağ/doğru
nah/weit	yakın/uzak
Wie weit ist das?	Ne kadar uzaklıkta?
Ich möchte für zwei Tage … mieten.	İki günlüğüne … kiralamak istiyorum.
… einen Wagen …	… bir araba …
… ein Fahrrad …	… bir bisiklet …
Bitte, wo ist …	Affedersiniz, … nerede?
… der Hauptbahnhof?	… merkez istasyonu, ana gar …
… die U-Bahn?	… metro …
… der Flughafen?	… hava alanı/limanı …
Zum … Hotel.	… oteline.
Ich habe eine Panne/ einen Platten.	Bir arıza/patlak lastik var.
Würden Sie mir bitte einen Mechaniker/einen Abschleppwagen schicken?	Lütfen, bana bir tamirci/ bir çekme arabası gönderir misiniz?
Wo ist hier in der Nähe eine Werkstatt?	Yakında nerede bir tamirhane var?
Wo ist bitte die nächste Tankstelle	En yakın benzinci nerede acaba?
Ich möchte … Liter …	… litre istiyorum
… Normalbenzin.	… normal benzin.
… Super./… Diesel.	… süper./motorin.
Voll tanken, bitte.	Doldurun/Ful, lütfen.
Hilfe!/Achtung! (Vorsicht!)	İmdat!/Dikkat!
Rufen Sie bitte schnell …	Acele … çağırın, lütfen.
… einen Krankenwagen.	… ambülans …
… die Polizei.	… polisi …
… die Feuerwehr.	… itfaiyeyi …
Haben Sie Verbandszeug?	Sargı malzemeniz var mı?
Es war meine/Ihre Schuld.	Benim suçumdu./Sizin suçunuzdu.
Ich möchte den Schaden durch meine Versicherung regeln lassen.	Hasarı sigortam aracılı ğıyla düzelttirmek istiyorum.
Geben Sie mir bitte Ihren Namen und Ihre Anschrift.	Lütfen bana isim ve adresinizi verin.

SEHENSWERTES

Welche Sehenswürdigkeiten gibt es hier?	Burada hangi görülecek yerler var?

Wann ist das Museum geöffnet?	Müze ne zaman açık?
Wann beginnt die Führung?	Rehberlik ne zaman başlıyor?
Aussichtspunkt	manzaralı yer
Ausstellung	sergi
Fremdenführer	rehber, kılavuz
Führung	rehberlik
Minarett	minare
Moschee	cami
Stadtrundfahrt	şehir turu
Tagesausflug	günlük gezi
Zoo	hayvanat bahçesi

ESSEN/UNTERHALTUNG

Wo gibt es hier …	Burada nerede … var?
… ein gutes Restaurant?	… iyi bir lokanta …
… ein gutes Café?	… iyi bir kahvehane …
Ich nehme …	Ben … alacağım.
Als Vorspeise nehme ich …	Ben meze olarak … alacağım.
Als Hauptgericht nehme ich …	Ben yemek olarak … alacağım.
Bitte ein Glas …	Lütfen, bir bardak …
Gabel/Löffel/Messer	çatal/kaşık/bıçak
Salz/Pfeffer	tuz/biber
scharf	acı
Auf Ihr Wohl!	Sağlığınıza! / Şerefe!
Bezahlen, bitte.	Hesap lütfen.
Hat es geschmeckt?	Hoşunuza gitti mi?
Das Essen war ausgezeichnet.	Yemek çok güzeldi.
Wo werden Bauchtänze aufgeführt?	Göbek dansı nerede gösteriliyor?

EINKAUFEN

Wo finde ich …	Nerede … bulabilirim?
… eine Apotheke?	… eczane …
… eine Bäckerei?	… fırın …
… Fotoartikel?	… fotoğraf malzemesi …
… ein Kaufhaus?	… büyük mağaza, süpermarket …
… ein Lebensmittelgeschäft?	… bakkal …
… den Markt?	… pazar/çarşi …
Nehmen Sie Kreditkarten?	Kredi Kartı alıyor musunuz?

ÜBERNACHTUNG

Können Sie mir bitte … empfehlen?	Bana … tavsiye edebilir misiniz, lütfen?
… ein gutes Hotel …	… iyi bir otel …

… eine Pension …	… bir pansiyon …
Haben Sie noch Zimmer frei?	Boş odanız var mı?
ein Einzelzimmer	tek kişilik bir oda
ein Zweibettzimmer	çift yataklı bir oda
mit Dusche/Bad	duşlu/banyolu
für eine Nacht	bir gecelik
für eine Woche	bir haftalık
Ich habe bei Ihnen ein Zimmer reserviert.	Ben bir oda ayırttım.
Was kostet das Zimmer mit …	Bu oda … kaça?
… Frühstück?	… kahvaltılı …
… Halbpension?	… akşam/öğlen yemekli (yarım pansiyon) …

PRAKTISCHE INFORMATIONEN

Können Sie mir einen guten Arzt empfehlen?	Bana iyi bir doktor tavsiye edebilir misiniz?
Ich habe Kopfschmerzen.	Benim başım ağrıyor.
Ich habe Fieber.	Ateşim var.
Ich habe hier Schmerzen.	Buram ağrıyor.
Wo ist hier bitte eine Bank?	Nerede banka var?
Geldautomat	para otomatı
Ich möchte … Euro (Schweizer Franken) in türkische Lira umwechseln.	Euro (Isviçre Frankı) karşılığında Türk Lirası istiyorum.
Was kostet …	Bir … kaça gidiyor?
… ein Brief …	… mektup …
… eine Postkarte …	… posta kartı …
… nach Deutschland?	… Almanya'ya?
Briefmarke	pul

ZAHLEN

1	bir	13	on üç	50	elli
2	iki	14	on dört	60	altmış
3	üç	15	on beş	70	yetmiş
4	dört	16	on altı	80	seksen
5	beş	17	on yedi	90	doksan
6	altı	18	on sekiz	100	yüz
7	yedi	19	on dokuz	200	iki yüz
8	sekiz	20	yirmi	1000	bin
9	dokuz	21	yirmi bir	2000	iki bin
10	on	22	yirmi iki	10000	on bin
11	on bir	30	otuz	1/2	yarım
12	on iki	40	kırk	1/4	çeyrek

> Die Seiteneinteilung für den Reiseatlas finden Sie auf dem hinteren Umschlag dieses Reiseführers.

REISEATLAS TÜRKEI

Dimitrovgrad
Haskovo
Marica
Harmanli
Malevo
Ljubimec
Svilengrad
Malak Izvor
Malko Gradište
BĂLGARIJA
Krumovgrad
Ivajlovgrad
Mikrón Dérion
Topolovgrad
Knjaževo
Šarkovo
Radovec
Lalapaşa
Devletliağaç
Kofçaz
Yoğuntaş
Sırpsındığı
EDİRNE
Süleoğlu
Kırklareli
İnece
Hasköy
Havsa
Filáki
Orestiáda
Ládi
Didimótiho
Kırcasalih
Babaeski
Pınarhisar
Vize
Ahmetbey
Saray
Lüleburgaz
Dereköy
Malko Tărnovo
Karacadağ
Demirköy
Yıldız Dağları
Zvezdec
Ahtopol
Lávara
Kai Thráki
HELLAS
Souflí
Dadiá
Meriç
Küplü
Uzunköprü
Pehlivanköy
Hayrabolu
Hamidiye
Dambaslar
Muratlı
ÇORLU
Beyazköy
Çerkezköy
Ergene
Arrianá
Sápes
Essími
Mésti
Féres
Alexandroúpoli
Ag. Harálambos
Şahin
Banarlı
TEKİRDAĞ
İpsala
Karpuzlu
Keşan
Malkara
Yürük
Ballı
İnecik
Barbaros
Işıklar Dağı
Enez
Vakıf
Erikli
Evrese
Şarköy
Mürefte
Marmara
Avaşa Ad.
Marmara-Adası
Kaválа
Thessaloniki
Thrakikó Pélagos
Saros Körfezi
Gelibolu Yarımadası
Samothráki
Lákkoma
Samothráki (Gr.)
Bolayır
Fındıklı
Gelibolu
Tayfur
İnce Br.
Karabiga
Paşalimanı Ad.
İlhanköy
Erdek
Edincik
Gökçeada (Tr.)
Bademli
Gökçeada
Kömürlimanı
Eceabat
Tarihi Milli P.
Lâpseki
Umurbey
Beyçayırı
Balıklıçeşme
Bozlar
Denizli
Bakacak
Biga
Sarıköy
Bandırma
Bağdaylı
Kuş Gölü
Çanakkale
Abide
Çanakkale Boğazı
Dardanos Tümülüsü
Intepe
Kirazlı
Çan
Etili
Yenice
Gönen
Gönen Çayı
Şevketiye
Manyas
Truva (Troja)
Salihler
Biga Yarımadası
Danişment
Kadıköy Deresi
Ilıca
Bozcaada
Geyikli
Küçük M.
Sakar Dağı
Pazarköy
Şamlı
Bayramiç
Evciler
Kırklar T.
Kalkım
Balya
BALIKESİR
Alexandria Troas
Ezine
Neandria
Uluköy
Tavaklı İsk.
Ayvacık
Kaz Dağı
Zeytinli
Havran
Edremit
Ertuğrul
İvrindi
Gülpınar
Baba Br.
Behramkale
Assos
Küçükkuyu
Burhaniye
Edremit Körfezi
Korucu
Konakpınar
Savaştepe
Mithimna
Alibey Ad.
Armutova
Karadere
Madra Dağı
Mirina
Lesvos (Gr.)
Pétra
Mantamádos
Ayvalık
Kozak
Göçbeyli
Mancınık D.
Ántissa
Kalloní
Sígri
Eressós
Altınova
Nebiler
Bergama
Soma
Gelembe
Canae
Pergamon
Mitilíni
Polihnítos
Dikili
Bakır Ç.
Kınık
Kırkağaç
Plomári
Çandarlı
Zeytindağ
Yuntdağ
Palamut
Akhisar
Rafina
Vólos
Vóreio
Çandarlı Kör.
Gryneion
Yunt Dağı
Seyitoba
Aliağa
Myrina
Yenifoça
Osmancalı
Saruhanlı
Lütfiye
Gölmarmara
Venézia
Kömür Br.
Foça
Gediz Nehri
MANİSA
Halitpaşa
Psará
Nenitoúria
Karaburun
Menemen
Muradiye
Sipil Dağı
Turgutlu
Kardámila
Küçükbahçe
Uzun
Emiralem
Volissós
Híos (Gr.)
Ak Dağ
Mordoğan
Karşıyaka
İZMİR
Milli P.
Ahmetli
İzmir Körfezi
Kemalpaşa
Sardes

122

D
E
F
1880
50 km
1
K A R A D E N I Z
70
Zonguldak
Yalıköy
Karacaköy
İstanbul Boğazı
(Bosporus)
Karaburun
Kumköy
Çayağzı
Alacalı
Şile
Ağva
Kefken
Pazarbası Br.
2
Sinekli
Çatalca
Kemerburgaz
Boyalık
Esenyurt
BEYKOZ
Ömerli
Ömerli Brj.
Yeşilvadı
Teke
Akçaova
Kandıra
Kaynarca
162
Ziamet
Ferizli
Söğütlü
Büyükçekmece
FATİH
ÜSKÜDAR
BAKIRKÖY
SULTANBEYLİ
Kocaeli Yarımadası
KARTAL
Mollafeneri
Büyük Ada
647
Sevindikli
Akmeşe
İSTANBUL
GEBZE
Çene Dağı
İZMİT (KOCAELİ)
SAKARYA (ADAPAZARI)
Büyük Ada
Darıca
Hereke
İzmit Kör.
Gölcük
Sapanca G.
Sapanca
Karapürçek
Doğançay
Yalova
Karamürsel
Bahçecik
Çınarcık
Kılıç
Yalakdere
Geyve
3
Samanlı Dağları
Pamukova
İmralı Ad.
Armutlu
Boz Br.
Karacaali
Orhangazi
Boyalıca
İznik Gölü
İznik
Sakarya N.
Göynük Ç.
Taraklı
Yeniköy Plajı
Gemlik Körfezi
Zeytinbağı
Kara Dağ 833
Mudanya
1226
Gemlik
Sölöz
Nikaia
Kaynarca
Osmaneli
Gölpazarı
Esençe
Nilüfer Ç.
Gürsu
Yenişehir
Appulient
Değirmen
Yenipazar
Ulubat Gölü
Hasanağa
BURSA
Uludağ
Bilecik
Aksakal
İNEGÖL
İnhisar
Miletopolis
Çalı
(225)
2543
Uludağ Milli P.
Söğüt
Boz Dağ 1371
Mustafakemalpaşa
Söğütalan
Soğukpınar
4
Devecikonağı
Kocasu
Tahtaköprü
Susurluk
Orhaneli
Keles
Bozüyük
Sündiken Dağları
Mustafakemalpaşa Ç.
Domaniç
Dodurga
İnönü
Burhan
Kümbet
ESKİŞEHİR
Durak
Kavacık
Büyükorhan
Harmancık
Tunçbilek
Dikilitas
Porsuk Brj.
Dursunbey
Tavşanlı
Köprüören
Sabuncu
Kireç
Gökçedağ
Opanözü
Türkmen D. 1829
Alaçam Dağları
Dağardı
2181
1569
Enne
Bigadiç
Yağcılar
Civan D.
Eğrigöz D.
Emet Ç.
KÜTAHYA
(949)
Büyüksaka
1769
Ulus Dağı
Çamlık
Emet
Eşatlar
Porsuk Ç.
5
Düvertepe
Hisarcık
Örencik
Aslanapa
2089
Aizanoi
Çavdarhisar
Döğer
Simav Ç.
Simav Dağları
(1425)
Simav
Şaphane D.
2121
İhsaniye
Arslantaş
Güneşli
Demirci
Eski Gediz
Keçiler
Altıntaş
Ayazini
Yarbasan
Pazarlar
Gediz
Murat Dağı
2312
Anıtkaya
Başkomutan Tarihi Milli Parkı
Gördes
Abide
Dumlupınar
AFYON
Çamsu
Karabeyli
Banaz
Sinanpaşa
(1021)
Köprübaşı
Selendi
Gediz Nehri
UŞAK
Flaviopolis
6
Borlu
Encekler
Demirköprü Barajı
(906)
Güre
Ahat
Karadirek
Karataş
Kula
Yeniçehir
Hocalar
Banaz Ç.
Hocalar
Şuhut
Salihli
Selçik
Sivaslı
Sandıklı
Umurbaba D.
1555
Dereköy
Eşme
Ulubey
2250
115
123

A
B
C
1
2
4
5
6
50 km
KARADENIZ
İstanbul
Amasra
Bartın
İnkumu
Hisarönü
Kilimli
ZONGULDAK
Çaycuma
Kozlu
Kozcağız
Kumluca
Ulus
Gökçebey
KARABÜK
Safra
Armutçuk
Heraklea Pontike
Baba Burnu
Ereğli
Beycuma
Alaplı
Ormanlı
Devrek
Dorukhan Geç.
Yenice
Pazarbaşı Br.
Karasu
Akçakoca
Ziamet
Kocaali
Kaplandede D.
Prusias
Akçakoca Dağları
Yığılca
Konuralp
Eğerci
Yedigöller Milli Parkı
Mengen
Eskipazar
Pazarköy
Gökçesu
Arkut Dağı
İsmetpaşa
Gerede
Karadürgen Dağı
Ferizli
Söğütlü
Söğüksu
SAKARYA (ADAPAZARI)
Cumaova
Çilimli
Düzce
Hendek
Gölyaka
Sapanca G.
Karapürçek
Karadere
Dikmen T.
Sarot
Bolu
(725)
Dörtdivan
Kavacık
Güven
Doğançay
Mudurnu Ç.
Geyve
Kapıorman D.
Göynük
Taraklı
Mudurnu
Köroğlu Dağları
Köroğlu T.
Seben
Çamlıdere
Peçenek
Kızılcahamam
Soğuksu Milli P.
Kıbrıscık
Bayındır Brj.
Çeltikçi
Susuz
Çatak
Kabaca
Karaşar
Güdül
Kazan
Yenipazar
Değirmen
Beydili
Nallıhan
Karaköy
Çayırhan
Beypazarı
Yağmurdere
Gökçekaya Brj.
Sarıyar
İnhisar
Sarıcakaya
Boz Dağ
Hekimdağ
Sepetçi
Süleler
Dinek
Sarıyar Brj.
Koyunağılı
Kirmir Çayı
Kırbaşı
Ayaş İçmecesi
Yenikent
Ayaş
SİNCAN
Polatlar
KEÇİÖREN
Sündiken Dağları
Doğanoğlu
Mihalıççık
Sarıoba
ANKARA
Muttalıp
Sarayköy
Poyraz
ESKİŞEHİR
Alpu
Porsuk
Şabanözü
Temelli
Koparan
Beylikova
Yunusemre
Biçer
Sazılar
Akpınar
Porsuk Brj.
Yassıhöyük (Gordion)
Çokören
İkizce
Hamidiye
Iğdecik
Polatlı
Kayabaşı
Kaymaz
Şeyhali
Oyaca
Seyitgazi
Mahmudiye
Sivrihisar
Haymana
Yukarı Sakarya Ovaları
Seydi Ç.
Çifteler
Körhasan
Günyüzü
Yenimehmetli
Yamak
Haymana Yaylası
Kırka
Bardakçı
Arayıt D.
İlıca
Midas Şehri
İlıbaşı
Belpınar
Ertuğrulköy
Yenice
Kadıkuyusu
Döğer
Yazılıkaya
Ümraniye
Yeşilöz
Yapıldak
İlyaspaşa
Çekirge
Arslantaş
Başara
Adatoprakpınar
Bayat
Salihler
Emirler
Ayazini
Emirdağ
Yarıkkaya
Çeltik
Yeşilyurt
Davulga
Gazlıgöl
Başyurt T.
Sülüklü
AFYON
İscehisar
Yunak
Hacıfaklı
Harabeköy
Çobanlar
Bolvadin
Karapınar
Kuyubaşı
Milli Parkı
Eber Gölü
Başkuyu
Çeşmelisebil
Şuhut
Taşköprü
Turgut
Sultandağı
Büyükoba
Kolukısa
124

D
E
F
İnceburun
Sinop
Sinop Br.
Kerempe Br.
Akbayır
Doğanyurt
İnebolu
Abana
Çatalzeytin
Ayancık
Kızılabalı
Şerefiye
Kabalı
Gerze
Samsun
Cide
Şenpazar
Dikmen D.
1471
Küre
Bozkurt
Çangal D. 1605
Türkeli
Çiçekyayla
2019
Yenikonak
Erfelek
(1370)
Dranoz
Şabrıban Ç.
Ağlı
Karaçam
(1440)
Bürnük
169
Dikman
Yakakent
Pınarbaşı
Azdavay
Seydiler
152
Yaralıgöz Dağı
Devrekâni
Çakırçay
Çuhali
Gökırmak
Direklikaya
Boyabat
Durağan
(1550)
Daday
Daday Çayı
Taşköprü
Çerçiler
Kastamonu
(798)
Saraycık Dağı
Saraydüzü
Altınkaya
Kuzlam
Araç Çayı
Araç
Kuzyaka
Akkaya
Çiftlikköy
Mezraa
Türkm
İğdir
İhsangazi
Kırık
Kargı
Kunduz D.
1783
Kâmil
Vezirköprü
2587
Ilgaz Dağı Milli Parkı
Hacıhamza
Ovacık
Soğanlı Ç.
Boyalı
Tosya
228
Ada Dağı
Osmancık
Saraycık
(960)
Ilgaz
Bayramören
Kurşunlu
Devrez Çayı
Kargın
Harun
Gümüşhacıköy
Merz
Çerkeş
Atkaracalar
Beloren
Yapraklı
Asarcık
Lâçin
Hamamözü
Korgun
İkizören
İskilip
Eğerli D.
Sakaevi
Orta
187
Çankırı
Bayat
ÇORUM
Seydim
Eldivan
Kuzu
Uğurludağ
Mecitözü
1791
İbek
Şabanözü
Sağpazar
Hamdi
1198
Karagöl
Bozkır
Cemilbey
Çubuk Brj. II
Çubuk Ç.
Karamusa
Terme Ç.
Kızılırmak
Demirşeyh
Çorum Ç.
Ortaköy
Karaçay
Alaca-höyük
Çubuk
Hasayaz
(1365)
Çandır
Sulakyurt
Kavak
Sungurlu
Alaca
Çöplü
Aydıncık
Çeker
İdris D.
1985
Kalecik
Karagüney Dağı
Alembeyli
Tasarı Milli Parkı
Hattuşas
Boğazkale
1689
Deremahal
Eymir
ALTINDAĞ
Balışeyh
Delice
Zincirli D.
Doğa
MAMAK
74
Elmadağ
(700)
ÇANKAYA
1862
Yahşihan
KIRIKKALE
1742
Salmanlı
Musabeyli
Sorgun
Gölbaşı
Elma D.
Hacılar
Dinek D.
Sekili
Yozgat
Camlık Milli Parkı
Süleymanlı
Karakeçili
136
Saray
Osmanpaşa
Alcı
Karaali
Keskin
Takazlı
Akçakent
Yerköy
Gelingüllü Brj.
Balaban Ç.
Çiçekdağı
Şefaatli
Yenipazar
Balâ
158
Akpınar
Göllü
Bozok Yaylası
Çimşit
Kesik-köprü
Çelebi
Kaman
Çamalak
68
Odunboğazı
Aydınlar
Savcılı
1808
Çoğun
Karahasanlı
Sırcalı
Hirfanlı Brj.
Boztepe
Seyfe G.
Fakılı
Kozaklı
Boğaz
Yazıçayırı
1724
Karaca D.
Tokluman
(978)
Seyfeköy
Kırşehir
Akpınar
Fehimli
Kulu
Akın
Kaçarlı
Topaklı
(1260)
Büyüköz
Kozanlı
Kesikköprü Hanı
Mucur
126
Kalaba
Kurşunlu D.
Tuzyaka
Tavşançalı
Şereflikoç-hisar
Hacıbektaş
Çallıgedik
Geç.
Himmetdede
Kızıl Dağı
Gümüşkent
Özkonak
Yavşan Tuzlası
Tuz Gölü
905
Ağaçören
Bozkır
Tuzla
Avanos
Boğazköprü
Ortaköy
Gülşehir
Göreme Milli Parkı
Cihanbeyli
237
Balcı
Terlemez
Göreme
İncesu
Gölyazı
Boyalı
Nevşehir
(1229)
Ürgüp
Tersakan
Acıpınar
Cemilköy
117
125

A
B
C
Zonguldak
Novorossijsk
Sinop
Sinop Br.
Kabalı (310)
Gerze
Dranoz
169
Bafra Br.
Kürtler
Bafra
Ovası
Harız
Bafra
Dikmen
Yakakent
Alaçam
Kızılırmak
Ondokuzmayıs
Durağan
Boğazkaya
1300
Çerçiler
Pelitbükü
Cıva Br.
Çarşamba
Ovası
SAMSUN
(42)
Emiryusuf
Themiskira
Terme
Altınkaya
Brj.
Sargin
Esençay
Mezraa
Türkmen
Yunddağ
Tekkeköy
Çayırkent
Dikbıyık
.1783
Çakıralan
Kavak
(940)
Çarşamba
Ünye
Vezirköprü
Köprübaşı
Asarcık
Salıpazarı
Çaybaşı
Saraycık
(960)
Havza
Lâdik
Canik
Şeyhli
Hasan
Uğurlu
Brj.
Cevizlik
Ayvacık
Yeşilırmak
Tekkiraz
Fatsa
müşhacıköy
Merzifon
Destek
Kumru
Çamaş
Hamamözü
Suluova
Ak Dağ
.2062
Taşova
Akkuş
Karakuş Ç.
Korgan
Sarıbuğday
Karayaka
Doğanyurt
Amasya
Çiğdemlik
Tekke
Çamiçi
Aybastı
Doğantepe
(1570)
Esençay
Erbaa
(235)
Dağları
Harçbeli
ÇORUM
Kaleköy
Kozlu
Niksar
Mecitözü
Sakarat D.
Aydınca
1791
İbek
Gediksaray
Yeşilırmak
Dazya-Han
Yazıtepe
Dağı
Gökdere
Bereketli
Kelkit Çayı
Reşadiye
Çorum Ç.
Karadağ
Göynücek
Turhal
Yaylacık
Komana
Pontike
Buzluk Dağ
Zile
Gekere
Dökmetepe
Almus
Almus
Brj.
Çilhane
Yeşilırmak
Kö
Ortaköy
İğdir
Pazar
Horostepe
Tokat
Doğanşar
2643
(1150)
Tozanlı D.
Yıldız D.
2552
Keşiş D.
Çöplü
Boztepe
Aydıncık
Çekerek
Artova
Çiftlik
Hanı
(623)
Aşağısarcık
Eymir
Deveci Dağı
Kadışehri
Çamlıbel
Çamlıbel
Geç.
Çırçır
Bahal
Beyyurdu
Çekerek Irm.
Sulusaray
Yeşilyurt
(1646)
Yenihan
Yıldız Irm.
Karaçayır
Sorgun
Doğanlı
Yanık
Subaşı
Hafik
163
Pazarcık
Belcik
Yıldızeli
Havaalanı
alik
Parkı
Karamğara
228
Direkli
SİVAS
(1275)
Alcı
Oluközü
Akdağmadeni
Çallı
Çelâ
Karayün
Gelingüllü
Brj.
Hasbek
Akçakışla
Akcakışla
Bedirli
Akkoç
Yenipazar
Sarıkaya
Ak Dağlar
2345
İncebel Dağları
Harmancık
Ulaş
Tecerlı Irm.
Tecer
Ortaköy
Kayadibi
Kızılırmak
Çayıralan
Sızır
(1180)
Şarkışla
(1750)
Sırcalı
Karagöl
Altınyayla
Deliktaş
Kava
Boğazlıyan
Çandır
2272
Gemerek
Kulmaç
Dağları
2079
Kangal
Fehimli
Oğulcak
Çukur
K
Karaca T.
Havuz
İ
Büyüköz
Felâhiye
Akpınar
Kurşunlu D.
Tuzla
Gölü
Sarıoğlan
Kervansaray
Akkışla
Uzun
Örenşehir
Yaylâ
Kazıklı Çayı
Himmetdede
Sultanhanı
Zıyarettepesi
Geç.
Güneşli
Kanıs
Yılanlı
Kaynar
(1900)
Konakpınar
Erkilet
(1054)
Gezi
Bünyan
Koyunlu
Göltepe
2719
Boğazköprü
KAYSERİ
Pınarbaşı
332
Pazarören
(1375)
(1800)
İncesu
Hacılar
Elbaşı
Zamantı
Sarıakköy
Sohu D.
Gürün
3916
Erciyes Dağ
Sakaltutan
(1890)
Akdere
Hurman Kalesi
126

D
E
F
Soči
50 km
1
KARADENIZ
2000
2
Batumi
Fener Br.
Akçakale
TRABZON
Eynesil
Yakfikebir
Görele
Tirebolu
Sakarya Kale
171
Beşikdüzü
Akçaabat
Araklı
Arsin
Sürmene
Perşembe
ORDU
Oman Paşa
Bulancak
Piraziz
Giresun
Keşap
Espiye
E70
Yağlıdere
Çanakçı
Şalpazarı
Tonya
Doğankent
Düzköy
Maçka
Köprübaşı
Ulubey
Kabadüz
Gürgentepe
Melet Irm.
Kovanlık
Dereli
Yavuz-kemal
Aksu Ç.
Yağlıdere
Özlüce D.
Harşit Ç.
Alaca D.
Kürtün
Doğu Kar
Altındere
Sumela
Dağbaşı
Altındere Vadisi Milli P.
3082
Yağmurdere
Soğanlı
Topçam
(1940)
Çambaşi Y.
Pasar-suyu
3027
Karagöl D.
Giresun Dağları
Akılbaba T.
2826
Sapmaz
Torul
Gümüşhane
Yağlıdere
Yeşilce
Meşudiye
Ballıca
Ortakent
Umurca
Koyulhisar
Gökçekent
Kılıçkaya Brj.
(2200)
Alucra
Kara Dağ
3331
Vaudağı Geç.
Kale
(1900)
Aydıntepe
290
(1925)
Şebin-karahisar
Şiran
Dilekyolu
Köse
Demirözü
Şerefiye
Suşehri
Kelkit Çayı
Kozağaç
Kelkit
2812
Akıncılar
Gölova
Çamoluk
Otlukbeli Dağları
Otlukbeli
Başköy
Kızıldağ Geç.
Çatalçam
Zara
Kızılırmak
İmranlı
Akarsu
Refahiye
(2160)
Balıklı Ç.
3549
Esence Dağl.
Çayırlı
(2190)
Cengerli
Çatalarmut
Acısu
Beydağı
Gümüşakar
Üzümlü
2802
Karacaören
Erzincan
Altıntepe
227
Bulucan
Doğanbeyli
Bozoğlak
Alpköy
Akbaba Tepe
3462
Tanyeri
Dağları
Kuruçay
Kemah
Çağlayan
Dağyolu
Karabudak Ç.
Büyükarmutlu
Oğuz
Munzur Dağları
Pülümür
Balpayam
Beypınarı
Sincan
Gedikbaşı
Fırat Nehri
Munzur Vadisi Milli Parkı
5
Kırmızıköprü
Tatlı Ç.
Divriği
(1950)
Çaltı Ç.
İliç
Yeşilyazı
Ovacık
105
Karagöl
3188
Munzur Ç.
Büyükyurt
Yaylaçık
Kemâliye
Pülümür Ç.
Karaşar Geç.
Mursal
Başpınar
Karaoğlan
Nazimiye
Çetinkaya
Danişment
2735
Gedikler
Hozat
Dallıbahçe
Calgan
Dutluca
Tunceli
Mazgirt
Çemişgezek
Darıkent
Kara
Arapgir
Yoncalı
Dere
Karakoçan
Hasançelebi
Ağın
Akçapınar
Pertek
Kuluncak
Eskiköprü Ç.
Taşdelen
Keban Brj.
Pınarlar
Akpazar
1672
Başyurt
Ballıkaya
Keban Brj.
6
Hekimhan
Arguvan
Keban
Balıbey
Harput
Çaybağı
Kovancılar
ELÂZIĞ
(1020)
Palu
Fethiye
1390
Hankendi
Koç
Mollakendi
İçme
Gezin
Cecimli
Yazıhan
Aydınlar
Karakaya Brj.
Düzağaç
Tohma Ç.

4
4
119
127

A
B
C
E
1
2
3
4
5
6
50 km
KARADENIZ
Novorossijsk
Soči
Poti
Senaki
Abasha
Kolkhetis Nakrdzali
Kolkhetis
Rioni
Lanch'khuti
Ureki
Kvemo-Natanebi
Ozurgeti
Kobuleti
Tsikhisdziri
Makhindzhauri
Ch'akva
Kintrishis Nakrdzali
Nakrdz. Tsiskard
Adzharis
BATUMI
Sarpi
Khelvach'auri
Shuakhe
Keda
Kemalpaşa
Maradit
Camili
Hopa
Arhavi
Borçka
Karaçal Dağı
Fındıklı
Ortacalar
Murgul
Boğa T.
Ortaköy
Aşağı Irmaklar
Pazar
Ardeşen
Artvin
Zeytinlik
Ardanuç
Bilbilan
Çayeli
Çamlıhemşin
TRABZON
Rize
İyidere
Güneysu
Ayder
Kablıca
Sarıgöl
Öğdem
Yeni Rabat
Arsin
Araklı
Of
Kalkandere
Kaptan-paşa
Zilkale
Parhal
Yusufeli
Demirkent
Aşağı
Sürmene
Hayrat
Uzun Göl
Çaykara
Köprübaşı
Maçka
Altındere
Sümela
Dağbaşı
Kaçkar D.
Dört Kilise
Oltu Çayı
Olur
Başköy
Kılıçkaya
Selâle
Ayvalı
Bana
Karadeniz Dağları
Ovitdağı Geç.
Çamlıkaya
Yağmurdere
Uzungöl
Soğanlı Geç.
Yağlıdere
Soğanlı Dağı
Tortum
Oltu
İspir
Uzundere
Vaudağı Geç.
Pazaryolu
Çoruh Nehri
Aydıntepe
Şenyurt
Başbağlar
Gazili
Tahtköy
Çermeli Ç.
Mescit T.
Mescit Dağları
Narman
Kışlaköy
Bayburt
Maden
Demirözü
Ovacık
Tortum
Kireçli Geç.
Artsathı
Kargapazar Dağları
Horasan
Hasan Kale
Kop Geç.
Aşkale
Yoncalık
Kumluyazı
Dumlu
Otlukbeli
Başköy
Kahramanlar
Pasinler
Çobandede
Karasu
Alaca
Ilıca
Kandilli
ERZURUM
Yukarı Kızılca
Turnagöl
Tercan
Çayırlı
Çiftlik
Kalaylı T.
Söylemez
Üzümlü
Tanyeri
Gedikdere
Tuzla Ç.
Palandöken Dağları
Tekman
Karayazı
Fırat N.
Gökçeşeyh
Çat
Aras N.
Hacıömer
Dağyolu
Üçdam
Koşan T.
Kırmızı-köprü
Balpayam
Karagöl Dağları
Gökoğlan
Karasu Aras
Göksu
Yedisu
Peri Suyu
Hamzalar
Viranşehir
Bingöl Dağ.
Hınıs
Karaköprü
Karaçoban
Kiğı
Yayladere
Adaklı
Karlıova
Çaylar
Kocasu Ç.
Halitçavuş
Nazimiye
Dallıbahçe
Kıraçtepe
Varto
Karaağıl
Çan
Özlüce
Göynük
Göynük Ç.
Karaköy
Sancak
Karaboğa Dağları
Gonca T.
Ilıcalar
Şerafettin Dağl.
Akdoğan G.
Bulanık
Erentepe
Karakoçan
Ekinyolu
Solhan
Şanlıca
Mercimekkale
Sürügüden
Yaygın
Başyurt
Bingöl
Murat N.
Nazik G.
Kovancılar
Gökdere
Yamaç
Genç
Yenibaşak
Korkut
Ovakışla
Palu
Yenisu
Kızılağaç
Muş
Altınova
Yayla
Muşgüneyi D.
Güroymak
Servi
Arıcak
Dipni Brj.
İskenderi Birkilin
128

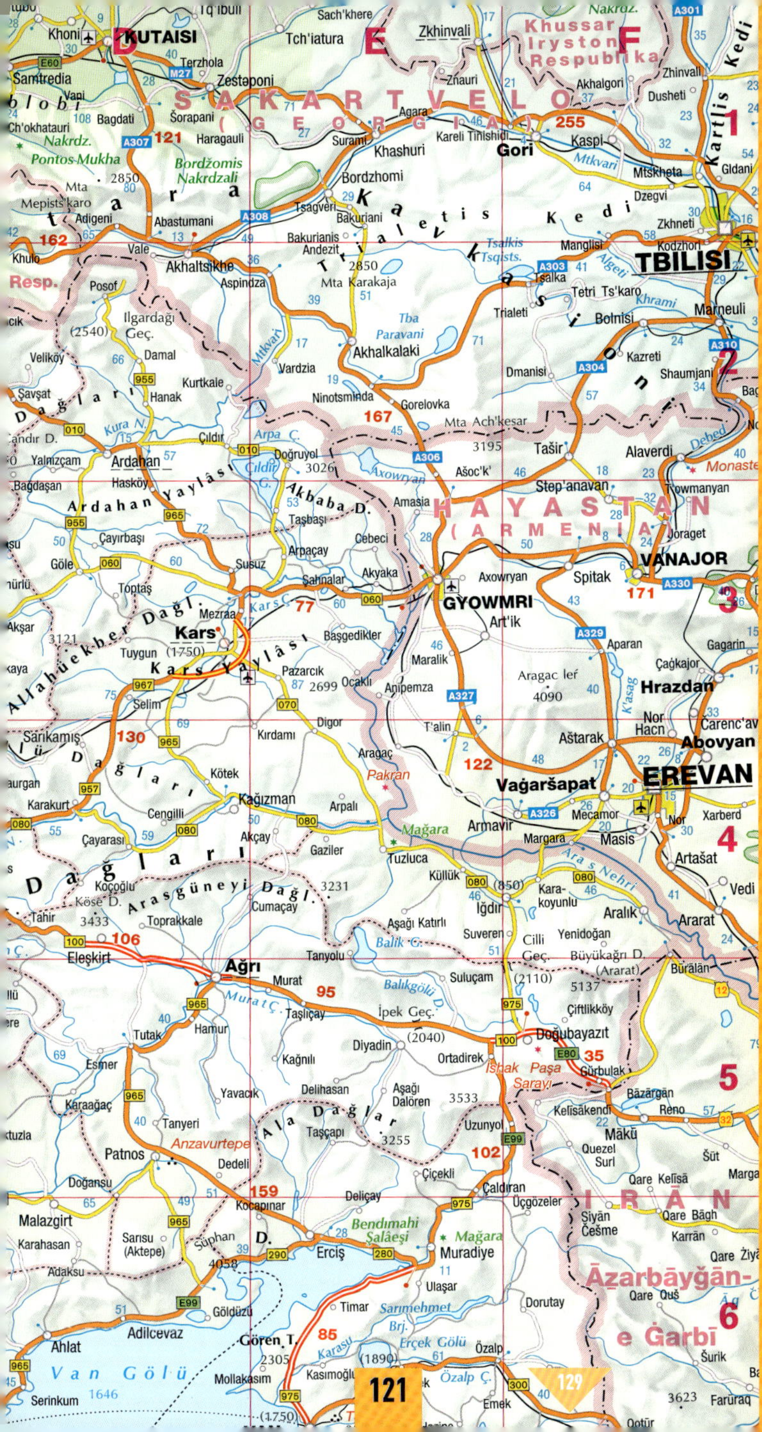
KUTAISI
Khoni
Tq'ibuli
Sach'khere
Tch'iatura
Zkhinvali
Khussar Iryston Respublika
Kartlis Kedi
Zhinvali
Dusheti
Terzhola
Zestaponi
Samtredia
Vani
Bagdati
Ch'okhatauri
Šorapani
Haragauli
Nakrdz.
Pontos-Mukha
Bordžomis Nakrdzali
SAKARTVELO
(GEORGIA)
Agara
Surami
Khashuri
Kareli
Tinishidi
Gori
Kaspi
Mtkvari
Mtskheta
Gldani
Dzegvi
Zkhneti
Akhalgori
Bordzhomi
Tsagveri
Bakuriani
Mta Mepists'karo
2850
Adigeni
Abastumani
Khulo
Vale
Akhaltsikhe
Aspindza
Bakurianis Andezit
Trialetis Kedi
Mta Karakaja
Tsalkis Tsqists.
Manglisi
Kodzhori
TBILISI
Tsalka
Algeti
Tetri Ts'karo
Khrami
Marneuli
Trialeti
Bolnisi
Kazreti
Shaumjani
Dmanisi
Tba Paravani
Akhalkalaki
Vardzia
Ninotsminda
Gorelovka
Mta Ach'kesar
3195
Taširr
Alaverdi
Debed
Monaste
Posof
Ilgardağı Geç.
(2540)
Veliköy
Damal
Kurtkale
Hanak
Şavşat
Kura N.
Yalnızçam
Çıldır
Arpa Ç.
Doğruyol
3026
Axowryan
Ašoc'k'
Step'anavan
Towmanyan
Ardahan
Hasköy
Bağdaşan
Ardahan Yaylâsı
Çıldır G.
Akbaba D.
Amasia
HAYASTAN
(ARMENIA)
Joraget
VANAJOR
Taşbaşı
Çayırbaşı
Arpaçay
Cebeci
Göle
Toptaş
Susuz
Şahnalar
Akyaka
GYOWMRI
Axowryan
Spitak
Mezraa
Kars Ç.
Kars
Tuygun
(1750)
Allahüekber Dağl.
Kars Yaylâsı
Başgedikler
Pazarcık
2699
Ocaklı
Anipemza
Maralik
Art'ik
Aparan
Aragac lеr
4090
Gagarin
Çağkajor
Hrazdan
Kasag
Selim
Sarıkamış
Kırdamı
Digor
T'alin
Aštarak
Nor Hacn
Carenc'av
Abovyan
Aragaç
Pakran
Vağaršapat
EREVAN
Kötek
Kağızman
Arpalı
Mağara
Armavir
Mecamor
Masis
Margara
Nor
Xarberd
Artašat
Karakurt
Cengilli
Çayarası
Akçay
Gaziler
Tuzluca
Küllük
(850)
Karakoyunlu
Aras Nehri
Vedi
Ararat
Aralık
Koçoğlu
Köse D.
Tahir
3433
Arasgüneyi Dağl.
Cumaçay
3231
Toprakkale
Iğdır
Aşağı Katırlı
Suveren
Cilli Geç.
Yenidoğan
Büyükağrı D.
(Ararat)
5137
Bürälän
Eleşkirt
Ağrı
Murat
Murat Ç.
Tanyolu
Balık G.
Balıkgölü D.
Suluçam
(2110)
Taşlıçay
İpek Geç.
(2040)
Çiftlikköy
Doğubayazıt
Tutak
Hamur
Kağnılı
Diyadin
Ortadirek
İshak Paşa Sarayı
Gürbulak
Esmer
Delihasan
Aşağı Dalören
3533
Bāzārgān
Reno
Karaağaç
Yavacık
Ala Dağlar
3255
Kelīsākendī
Mākū
Quezel Surl
Šūt
Tanyeri
Anzavurtepe
Taşçapı
Uzunyol
Patnos
Dedeli
Doğansu
Çiçekli
Qare Kelīsā
Malazgirt
Kocapınar
Deliçay
Çaldıran
Üçgözeler
IRĀN
Siyān Češme
Qare Bāgh
Karahasan
Sarısu (Aktepe)
Süphan D.
4058
Bendimahi Şalâeşi
Erciş
Muradiye
Karrān
Qare Ẓiyā
Adaksu
Ulaşar
Āzarbāyǧān-e Ġarbī
Qare Quš
Göldüzü
Timar
Sarımehmet Brj.
Dorutay
Ahlat
Adilcevaz
Gören T.
2305
Karasu
(1890)
Erçek Gölü
Özalp
Şurik
Van Gölü
1646
Mollakasım
Kasımoğlu
Özalp Ç.
Emek
3623
Faruraq
Serinkum
(1750)
121
129
E60
M27
A307
A308
A301
A303
A310
A304
A306
A330
A329
A327
A326
E80
E99
Resp.

A
B
C
114
1
2
3
4
5
6
Baba Br.
Behramkale
Edremit Körfezi
Burhaniye
Korucu
Konakpınar
Savaştepe
Mírina
Mithimna
Alibey Ad.
Armutova
Karadere
Madra Dağı
Mancınık D.
Mantamádos
Lesvos (Gr.)
Ántissa
Kalloní
Sígri
Eressós
Ayvalık
Altınova
1344
Kozak
Göçbeyli
937
131
Nebiler
Bergama
Soma
Gelembe
Canae
Pergamon
Mitilíni
Polihnítos
Rafina
Dikili
205
772
Çandarlı
Zeytindağ
Bakır Ç.
Kınık
Kırkağaç
Palamut
Vólos
Plomári
İstanbul
Yuntdağ
1084
Yunt Dağı
Seyitoba
Akh
Egéo Pélagos
Çandarlı Kör.
Gryneion
Myrina
Aliağa
Osmancalı
Saruhanlı
Lütfiye
Vóreio
Yenifoça
Psará
Venézia
Kömür Br.
Foça
Gediz Nehri
MANİSA
Halitpaşa
Gölı
Karaburun
Menemen
Muradiye
Sipil Dağı
Nenitoúria
Kardámila
Küçükbahçe
1212
Uzun Ada
Emiralem
Turgutlu
1297
Volissós
Híos (Gr.)
Ak Dağ
Sasallı
Milli P.
Ahmetli
Mordoğan
İzmir Körfezi
Kemalpaşa
Sardes
Híos
Ildır
Güzelbahçe
Karaköy
Çeşme
Néa Moni
Alaçatı
Urla
İZMİR
Boz D.
Bozda
1042
Dağkızılca
Menderes
Bayındır
Ödemiş
Pirgí
Seferihisar
Pireás, Rafina
Deniz Kamp Yeri
Torbalı
Küçükmend.
Gökçen
Venézia, Ancona, Bari, Bríndisi
Sığacık Körfezi
Teke Br.
770
Değirmendere
Doğanbey
Gümüldür
Tire
Boğaziçi
Bad
126
Kuşadası
Pamucak
Selçuk
Aydın
Kör. Efes
Meryemana
Ortaklar
146
AYDIN
Egéo
Sámos (Gr.)
Kuşadası
Germencik
Tralleis
Magnesia
Karlovássi
Sámos
Pithagório
Söke
Koçarlı
Evdilos
Heraion
Panionion
Priene
Karine
1237
Bağarası
Alabanda
Mikonos
Ikaría
Amalo
Fourni
Agios Kirikos
Dilek Yarımad. Milli P.
Alinda
Çin
Herakleia
Karpuzlu
Akçaova
Milet
Akköy
Çamici G.
Menteşe D.
Agathonissi
Pınarcık
Lagina
Turgut
Eskihisa
Yenihisar
Kazıklı
Selimiye
Pireás
Pátmos
Lipsí
Didyma
Milas
Farmakoníssi
Güllük
Güllük Körfezi
Çamköy
1366
Salih Ad.
Leros
Agía Marína
Ortakent
Karaova
Donoussa
Skalía
Myndos
Gümüşlük
545
Bodrum
Mazı
Ören
Kálimnos
Halikarnassos
Kéros
Tholária
Karatoprak
Gökova Körfezi
Katápola
Amorgós
Kós (Gr.)
Kós
Reşadiye Yarımadası
Arkesíni
Kardámena
Körmen
1158
Reşadiye
Aktur
Kéfalos
Datça
Bozburu
Astipálea
Vathi
Harabekri
Knidos
Mandráki
Sími
Sími (Gr.)
Lory
Nissiros
Nótio Egéo
Megalo Horío
Anáfi
Tilos
Thira
Sírna
Agios Nikólaos, Sitía
Dodekánissos
Hálki
Kritinia
1215
Attaviros
Monólithos
Láerma
Kritiko Pélagos
Karpathio Pélagos
Kattavía
Lahania
Saria
Sitía
Tristomo
Kárpathos (Gr.)
Ólimbos

D
E
F
1
2
3
4
5
6
Kütahya
Afyon
Uşak
Denizli
Isparta
Burdur
Muğla
Salihli
Nazilli
Simav
Demirci
Gördes
Gediz
Emet
Bigadiç
Eşme
Alaşehir
Kula
Sarıgöl
Buldan
Sarayköy
Çivril
Dinar
Sandıklı
Şuhut
Tavas
Acıpayam
Tefenni
Gölhisar
Korkuteli
Elmalı
Kumluca
Finike
Kale
Kaş
Kalkan
Fethiye
Ölüdeniz
Dalaman
Ortaca
Köyceğiz
Marmaris
Yatağan
Ula
Rodos
Kastellorizo (Gr.)
Megisti
Kekova Adası
Finike Körfezi
Akdeniz
Lemesos
Aizanoi
Flaviopolis
Selçik
Eumeneia
Kyorara
Hierapolis
Pamukkale
Laodikeia
Kolosai
Neapolis
Aphrodisias
Kibyra
Oinoanda
Kadyanda
Tlos
Xanthos
Letoon
Patara
Myra
Horain
Arykanda
Olimpos
Termessos
Kaunos
Kapıtaş Mavi Mağara
Simav Dağları
Murat Dağı
Akdağ
Söğüt Dağı
Gölgeli Dağları
Menteşe Dağları
Ak Dağlar
Bey Dağları
Katrancık Dağı
Kumalar Dağı
Acıgöl
Burdur G.
Salda Gölü
Işıklı G.
Adıgüzel Brj.
Demirköprü Barajı
Büyük Menderes N.
Gediz Nehri
Başkomutan Tarihi Milli Parkı
Beydağları Milli Parkı
Güllükdağı Termessos Milli P.
50 km

A
B
C
1
2
3
4
5
6
116
121
124
161
Seyitgazi
Mahmudiye
Sivrihisar
Oyaca
Haymana
Körhasan
Arayıt D.
1820
Günyüzü
Yenimehmetli
Yamak
Kırka
Bardakçı
İlbaşı
Belpınar
Ertuğrulköy
Ilıca
Haym
Yayla
Mıdas Şehri
Kadıkuyusu
Ümraniye
Yukarı Sakarya Ovaları
Döğer
Yazılıkaya
Yapıldak
Basara
İlyaspaşa
Adatoprakpınar
Yeşilöz
Çekirge
Arslantaş
Ayazını
Bayat
Emirdağ
Salihler
Yarıkkaya
Çeltik
Emirler
Yeşilyurt
Davulga
Gazlıgöl
Sülüktü
AFYON
İscehisar
Başyurt T.
2281
Yunak
Hacıfaklı
Harabeköy
(1021)
Çobanlar
Bolvadin
Karapınar
Kuyubaşı
Eber Gölü
Ayrıtepe
Başkuyu
Çeşmelisebil
Milli Parkı
Çay
Taşköprü
Turgut
Büyükoba
Kolukısa
Cihanbeyli Yaylası
Şuhut
2610
(990)
Sultandağı
1649
1320
Kırk
Akşehir Gölü
Tuzlukçu
Uzunpınar
2250
Sultan Dağları
Akşehir
Yorazlar
Atlant
Çavuşçu G.
Kumdanlı
Dedeler
Haydarlı
Yalvaç
Ilgın
Kadınhanı
Tarlı
Taşevi
Reis
2228
Argıthanı
Sarayönü
Çaldere
Bağkonak
Doğanhisar
Eğirdir Gölü
924
Gelendost
Şarki Karaağaç
Sızma
Aşağı Pınarbaşı
2799
Barla Dağı
Derbent
Bozdağ
Uluborlu
Gönen
Çeltek
Aşağıçığıl
2305
Dokuz
Dedegöl Dağları
Kızıldağ Milli P.
Hüyük
Aladağ
Atabey
Mahmutlar
Kireli
Sille
Eğirdir
Zindan Mağ.
Aksu
Han
Horozlu Han
ISPARTA
Kovada Gölü Milli P.
2397
Yenişar Bademli
Beyşehir Gölü
Doğanbey
Kızılören
KONYA
Sakyatan
(1049)
2319
İnlice
(1016)
Erenler Dağları
Hatip
Hüyük
Ağlasun
2992
(1116)
Beyşehir
Kaşınhanı
Ayvalıpınar
Çavuş
Hatunsaray
Çeltikçi
Akbelenli
Yeşildağ
Üzümlü
İçeriçumra
Yaylacık
Alibeyhüyüğü
Bucak
Sütçüler
Sankok
Gencek
2368
Çandır
Seydişehir
Akören
Karaören Brj.
Yeşilbağ
Derebucak
2551
Apa
Suzuş Han
Milyas
Toros
Suğla Gölü
Kargı
2504
Dinek
Kocaaliler
Bozburun D.
Köprülü Kanyon Milli Parkı
(1390)
Yalıhüyük
Köseler
Aksu Ç.
Tınaztepe Mağ.
Beyşehir Kanalı
Kara-sınır
(875)
Beşkonak
Başlar
Cevizli
Ahırlı
Bozkır
Belören
Ekşili
Köprü Irm.
Aydınkent
Yarpuz
Üçpınar
2249
Bağbaşı
Döşemealtı
Gebiz
Düdensuyu Mağ.
Haydar D.
Kurşunlu Şelalesi
Perge
Sırtköy
Akseki
Geyik Dağları
Hadım
Balcılar
Serik
Aspendos
Geriş
2877
Çakırlar
Aksu
Taşağıl
Oymapınar Brj.
Güzelsu
Taşkent
ANTALYA
Dikmen
Gündoğmuş
(1540)
Manavgat
Şelâle
Alara Ç.
Antalya Körfezi
Beldibi
Kızılot
Alara Han
Güzelbağ
Köprülü
Sarıveliler
Güney
Okurcalar
Serafsa Han
Dereköy
Alacami
Göktepe
2375
Kemer
Alanya
Gevne Ç.
Phaselis
1690
Beldibi
Kazan
Olympos
Demirtaş
Taşeli Yaylası
Selinous
Çavuş
2339
990
Gazipaşa
Karacal T.
Yardımcı Burnu
AKDENİZ
Girne (Keryneia)
Anam
Antitli
Anamur Bur
50 km
E96
290
300
320
330
340
350
398
400
650
685
695
705
715
226
148
58

117

D
E
F
1
2
3
4
5
6
Çimşit
Çelebi
Kesik-köprü
Kaman
Akpınar
Göllü
Çamalak
Aydınlar
Çoğun
Karahasanlı
Sırçalı
Odunboğazı
Savcılı
Hirfanlı
1808
Boztepe
Seyfe G.
Kozaklı
Fakılı
Boğaz
Yazıçayırı
Tokluman Brj.
Seyfeköy
Kırşehir
Akpınar
Fehimli
1724
Karaca D.
Akın
Kaçarlı
(978)
Büyüköz
Kulu
Kesikköprü Hanı
Mucur
Topaklı
(1260)
Kalaba
Kozanlı
Tuzyaka
Şereflikoç-hisar
Çallıgedik
Kızıl Dağı Geç.
Himmetdede
Tavşançalı
Hacıbektaş
Ağaçören
Gümüşkent
Özkonak
Yavşan Tuzlası
Tuz Gölü
905
Bozkır
Tuzla
Avanos
Boğazköprü
Ortaköy
Gülşehir
Göreme Milli Parkı
Göreme
Terlemez
Balcı
Cihanbeyli
Nevşehir
(1229)
Ürgüp
İncesu
Boyalı
2133
Gölyazı
Acıpınar
Cemilköy
Tersakan G.
Acıgöl
Kaymaklı
Dörtyol
914
Yeralti Şehir
Eskil
Yeşilova
Mamasun Brj.
Derinkuyu
Develi
Aksaray Ovası
Yeşilhisar Ovası
Oğuzeli
Yenikent
Aksaray
Güzelyurt
Sultansazlığı Milli Parkı
Eşmekaya
Han
Kızıl Kilise
Bağlama
Gölcük
Obruk
Sultanhanı
Kervansaray
İncesu
Ihlara
Kızören
Taşpınar
Hasan D.
Çiftlik
3268
2963
Aşlama
Obruk Yaylâsı
Çukurkuyu
Altunhisar
Obruk
(1229)
Niğde
Kapadokya
Hodulbaba D.
1746
Emirgazi
Başin
Belkaya
Çukurkuyu
Bor
2689
Karakaya
Beşağıl
Kemerhisar
Yarma
Öbektaş
Gölören
Bereket
Çamardı
Ala Dağlar
Karapınar
2025
Kürkçü
Aladağ
3756
İsmil
Kamışlıkuyu
Çakmak
Çaykavak Geç.
(1584)
Büyüksofulu
Çatal Hüyük
Akçayazı
Hotamış
Ereğli Ovası
Hotamış Gölü
Atış Poligonu
Tatarlı
(1467)
Kamışlı
Çumra
Tatlıkuyu
Çiftehan
Körkün Ç.
Uzunkuyu
Kurtulma K.
Akgöl
Çayhan
Ulukışla
Arıkören
Ambar
Ereğli
Yeniyıldız
Akçaşehir
Böğecik
Pozantı
(900)
2288
Kara Dağ
Dinek
Halkapınar
3585
Kozlu D.
Horozlu Han
Medetsiz
Kılbasan
Sudurağı
Ayrancı
2061
Berendi
Çatalan
Kazım-karabekir
Üçharman
Kocadere
Güllek
Karaisalı
Can Hasan Höyüğü
3134
Bolkar Dağları
Çamlıyala
Karaman
Yeşildere
Kayaönü
Yıldız T.
Damlama
Çakır
Kütüklü
Pınarbaşı
Pamuk D.
Göğet Brj.
Arslanköy
(1650)
Meşelik
Yenice
Yüğlük D.
Gözne
Bucakkışla
Güldere
2474
Fındıkpınarı
TARSUS
(1610)
Limonlu Ç.
Gökkuşağı
Göktepe D.
Sorgun Ç.
Kuzucubelen
Kazanlı
Doğanken
Toroslar
Dağpazarı
(20)
Çöplü
2025
Güzeloluk
Eğri D.
Viranşehir
Elvanlı
(MERSİN)
(İÇEL)
Seyhan N.
Kırobası
Tuzla
Çatak
Ermenek
Mut
Pusatlı Dağı
Erdemli
Akyatan G.
Akyatan Gölü Kuş Çenneti
Çamlıca
Uzuncaburç
Kanlıdivane
Limonlu
Ermenek Ç.
Sarıkavak
Göksu N.
Korykos
Kızkalesi
Karataş
Kargıcak
Gazimağusa (Ammochóstos)
Olukpınar
Silifke
Akova
Taşucu
Gülnar
Akçalı Dağları
Ovacık
İncekum Br.
Akyaka
Aydıncık
Bozyazı
Anemourion
Girne (Keryneia)
Tahtalı K.
Obruk

125

A
B
C
118
Sarıkaya
Kızılırmak
İncebel Dağları
Ortaköy
Kayadibi
Harmancık
Ulaş
Tecerlr
Şarkışla
Karagöl
Altınyayla
Deliktaş
Kangal
Sırcalı
Boğazlıyan
Çandır
Gemerek
Kulmaç Dağları
Fehimli
Oğulcak
Çukur
Felâhiye
Tuzla Gölü
Sarıoğlan
Kervansaray
Akkışla
Karaca T.
Havuz
Akpınar
Büyüközi
Kurşunlu D.
Himmetdede
Sultanhanı
Örenşehir
Ziyarettepesi
Uzun Yaylâ
Kazıklı Çayı
Güneşli
Kanıs
Yılanlı
Kaynar
Geç.
Bünyan
Konakpınar
Erkilet
Gezi
Boğazköprü
KAYSERİ
Pınarbaşı
Pazarören
Göltepe
Koyunlu
Gürün
Talas
Hacılar
Elbaşı
Sakaltutan
Zamantı Irm.
Şarlakköy
Suhul D.
Akdere
İncesu
Erciyes Dağ
Tomarza
Hanköy
Sarız
Hurman Kalesi
Hurman Ç.
Elmalı
Yarımca
Dörtyol
Çayırözü
Pusatlı
Toklar
Develi
Yeşilhisar Ovası
Tanır
Aslantaş
Bala
Yalıntaş
Sultansazlığı Milli Parkı
Bey Dağ
Yesilköy
Arıtaş
Tufanbeyli
Binboğa Dağl.
Efsus-yarpiz
Afşin
Söğütlü Ç.
Bakırdağı
Yahyalı
Gezbeli
Alaylı Dağları
Adatepe Brj.
Göksu Ç.
Elbistan
Gücük
Tahtalı Dağları
Bahçecik
Saimbeyli
Göksun
Çardak
Kandil Brj.
Berit D.
Ekinözü
Nurhak
Nurhak
Mansurlu
Bazat Geç.
Feke
Dibek Dağları
Süleymanlı
Ceyhan N.
Geben
Menzelet Brj.
Çağlıyan-cerit
Aladağ
Göksu N.
Çokak
Göredin Kalesi
Al Hadat
Ahır Dağı
Beşenli
Büyüksofulu
Çömlük
Karabucak
Kaş
Andırın
Yenicekale
Kozludere
KAHRAMAN-MARAŞ
Kozan Brj.
Kozan
Cüceli
Alikaya Kalesi
Tepecikören
Türkoğlu
Pazarcık
Narlı
Çatalan Brj.
Nasidiye
Kadirli
Tokmaklı
Ilıca
Karatepe-Aslantaş Milli P.
Aslantaş Brj.
Düziçi
Yavuzeli
Bozatlı
İmamoğlu
Kale
Yukarı Ova
Bahçe
Hierapolis
Sakçagöz
Seyhan Brj.
Avcılar
Kösreli
Tecirli
Nurdağı
Fevzipaşa
Kartal Dağı
Toprakkale
Kaypak
Yarpuz
İslahiye
GAZİANTEP
Yılanlıkale
İncetarla
Ceyhan
OSMANİYE
Tilmen-hüyük
Bozkaya
Burç
Oğuzeli
ADANA
Yakapınar
Erzin
Epiphaneia
Ortaklı
Musabeyli
Jüreğir Ovası
Narlık
Dörtyol
Gözkaya
Polateli
Tüzel suyu
Danişment
Hassa
Maidan İkbiz
Bulbul
Gülbahar T.
Çaybey
Yumurtalık
Yakacık
Aktepe
Elbeyli
Yemişli
İskenderun Körfezi
İSKENDERUN
Mossa Kanlı
Kilis
Karataş
Karataş Br.
Yalankoz
A'zāz
Wuqūf
Belen
Kırıkhan
'Afrīn
Uluçınar
Serinyol
'Ain Dāra
Tall Rif'at
Māri'
Kumlu
Hamam
Qal'at Sam'ān
al-Bāb
Kızıl D.
Akıncı Br.
Kale
Reyhanlı
Muslimīya
HATAY (ANTAKYA)
Cilvegözü
Dār Ta'izza
HALAB
AKDENİZ
Teknepınar
Karaçay
Altınözü
Salqīn
Seleukeia Pıeria
Samandağı
Babatorun
Ürüm as-Suğra
as-Safīra
Karbeyaz
Kafr Yahmūl
Taftanāz
50 km
Ra's al-Basīt
Yayladağı
126
Idlib
Saraqib
Buraida
Māhūs
Arīhā
Tall Mardīh (Ebla)
Tall ad-Damān

119

D
E
F
1
2
3
4
5
6
Munzur Dağları
Munzur Vadisi Milli Parkı
Beypınarı
Sincan
Gedikbaşı
Fırat Nehri
İliç
Oğuz
Ovacık
Yeşilyazı
Pülümür
Balpayam
Kırmızı-köprü
Divriği
(1950)
Tatlı Ç.
Çaltı Ç.
3188
Munzur Ç.
Kemâliye
Büyükyurt
Karaşar Geç.
Mursal
Çetinkaya
Başpınar
Karaoğlan
Nazimiye
Danişment
2735
Calgan
Dutluca
Gedikler
Hozat
Tunceli
Dallıbahçe
Çemişgezek
Mazgirt
Pülümür Ç.
Yoncalı
Arapgir
Dere
Darıkent
Karakoçan
Hasançelebi
Eskiköprü Ç.
Ağın
Akçapınar
Pertek
Kuluncak
Ballıkaya
Taşdelen
Pınarlar
Akpazar
1672
Başyurt
Keban Brj.
Balibey
Keban
Çaybağı
Kovancılar
Hekimhan
Arguvan
Harput
ELÂZIĞ
Palu
Poyraz
Fethiye
1390
Aydınlar
Baskil
(1020)
Hankendi
Koç Geç.
(1280)
İçme
Mollakendi
Gezin
Düzağaç
Cecimli
Yazıhan
Tohma Ç.
Karakaya Brj.
(1410)
Kuşsarayı
Hazar Gölü
Alacakaya
Kalor Han
Battalgazi
(Eski Malatya)
Aslantepe
(900)
Gözeli
Sivrice
2344
Hazar
Maden
Kralkızı Brj.
Levent
Kürecik
Kale
Doğanyol
2937
Yeşilköy
Ergani
(1800)
Akçadağ
Çolaklı
MALATYA
(980)
2608
Çüngüş
Eğil
Örenköy
Derbend Ağzı Han
Yeşilyurt
Malatya Dağları
Ormel Ç.
Pötürge
Taraksu
Çermik
Ahmetli
Kalkan
Tepehan
Çermik Ç.
Yoğun
Devegeçidi Brj.
Fındıkköyü
Doğanşehir
Sürgü
Çelikhan
Sincik
Nemrut Dağı
Gerger
Devegölü
Aşıkan
Açma
Dağbaşı
Güneydoğu Toroslar
Koçali
Damlacık
Milli Park
Narince
Bucak
Demirli
Pirinçlik
Harmanlı
Karaca Dağ
Prehistorik Mağ.
Kuyucak
Akıncılar
Siverek
Tut
Göksu
ADIYAMAN
Kâhta
Çaylarbaşı
Karacadağ
1919
Besni
Şambayat
Cam dere
Dibekdüzü
Belören
Akpınar
Bağpınar
Atatürk Barajı
Hilvan
Şekerli
Sufarlı
Çakırhöyük
Ovacık
Beşyol
Salur
Akbudak
Bahçeli
Gölcük
Urfa Yaylâsı
Karakeçi
Demirci
Araban
Fırat Nehri
Bozova
Akziyaret
Mahmut T.
801
Karasu
Elif
Yaylak
Kabahaydar
Sarılar
İncirli
730
Halfeti
Rumkale
Kanlıavşar
954
ŞANLIURFA
Viranşehir
Konstantin
Böğürtlen
Kural
Çamlıdere
Çanakçı
Alakonak
Turlu
Belkıs
Birecik
(550)
Sumatarhisar
Nizip
Payamlı
Güllab D.
Onbirnisan
Suruç
Yardımcı
Yağmuralan
Tufan D.
Mürşitpınar
Aşağı Oylum
640
Harran
Ceylanpınar
Yolağzı
Barak
576
'Ain al-'Arab
İncidere
Şehit Nusretbey
Gazlıkuyu
Gömer T.
474
Doğanpınar
Ğarāblus
Yağmuralan
Akçakale
Büyüktaş
Tall Aḥmar
Dayyil
Tall al-Abyaḍ
Bi'r Abū Ğulūd
Dadāt
Qal'at Nağm
Salūq 'Atiq
Ḥammān at-Turkumān
Manbiğ
560
Wādī l-Ḥimār
Barsa
483
Šaraqraq
al-Muṣairifa
Qanṭari
'Ain 'Īsā
Nahr al-Balīḫ
al-Furāt
Ḥafsa Kabir
510
Dair Ḥāfir
SŪRĪYA
ar-Raqqa
Bi'r Buṭaimān
Aamer
Ğarwa
Sabḫat al-Ğabbūl
Maskana
Buḥairat al-Asad
AR-RAQQA
Dibsī Farağ
Qal'at Ğābir
Ḥamrat al-'Aḍā'iğ
Sabḫat Rasm al-Arwām
AṬ-ṬAWRA
Ṭabaqa
al-'Anz
as-Sabḫa
Halabiya

Balpayam
Karagöl Dağları
Kiği
Yayladere
Nazimiye
Adaklı
Çan
Özlüce
Sancak
Karaboğa Dağları
Gonca
Ilıcalar
Ekinyolu
Bingöl
Başyurt
Kovancılar
Gökdere
Yamaç
Genç
Palu
Yayla
Servi
Arıcak
Güneydoğu Toroslar
Dipni Brj.
Lice
İskenderi Birkilin Mağ.
Silvan Brj.
Hani
Dicle
Phison
Kayacık
Tumtas T.
Eğil
Kalkan
İkikuyu
Pir Hüseyin
Mermer
Hazro
Silvan
Bağdere
Aşıkan
DİYARBAKIR
Satıköy
Bismil
BATMAN
Pirinçlik
Çarıklıfabrikasıköyü
Tepe
Sinan
Kantar
Dicle N.
Ovabağ
Çınar
Pınarbaşı
Hasankeyf
Ağaçsever
Sürgücü
Gercüş
Alatosun
Savur
Kayapınar
Derinsu
Mazıdağı
Ömerli
Şenköy
Midyat
Mardin Dağları
Derik
Kocatepe
Mardin
KIZILTEPE
Anastasiopolis
Akarsu
Akıncı
Dara
Nusaybin
Dikmen
Şenyurt
Deli
Darbāsīya
'Āmūdā
AL-QĀMIŠLĪ
Tall Šāġir Bāzār
Ra's al-'Ain
Tall Halaf
aš-Šāfiḥ
Nahr al-Ḫābūr
Tall Tamir
Šafāyā
Tall Bīrāk
SŪRĪYA
Tall Bāz
al-Ḥasaka
al-Farā
Ǧabal 'Abd al-Azīz
Ṭabān
al-Ḥasaka
Turumba
Rašīdīya
Ǧisr aš-Šaddādī
aš-Šaddāda
Fadǧām
Marqada
50 km
Göynük
Karlıova
Kıraçtepe
Şerafettin Dağl.
Solhan
Murat N.
Yenibaşak
Yenisu
Kızılağaç
Muş
Muş güneyi Dağları
Kulp Çayı
Ağaçlı
Kulp
Yuvacık
Yücebağ
Hamzalı
Sason
Kozluk
Bekirhan
Beyçayırı
Beşiri
Kurtalan
Oğuz
Beşpınar
Imam Abdullah
Ilısu Brj.
Öğütlü
Karakaş Dağ
Dargeçit
Anıtlı
Bostanlı
Mar Yakub
Mar Gabriel
Şeyhmehmet
Girmeli
Düguer
Tall Abū Far'
Ḥazsawīya Fauqānī
Wādī ar-Radd
Wādī Rumailā
Ḫāne Sor
Ḫātūnīya
Bāra
Sariyatak
Ǧabal Sinǧār
Sinǧār
al-Ba'āǧ
al-Bādī
Wādī l-Bādī
Wādī l-Ḥamal
Viranşehir
Hamzalar
Gökoğlan
Bingöl Dağı
Çaylar
Varto
Hınıs
Karaköprü
Halitçavuş
Kocasu Ç.
Karaağıl
Karaköy
Şanlıca
Mercimekkale
Sürügüden
Akdoğan G.
Bulanık
Erentepe
Gölyanı
Yaygın
Korkut
Nazik G.
Ovakışla
Altınova
Güroymak
Kavakbaşı
Bitlis
Mutki
Bölükyazı
Meydan
Geyikpınar
Narlıdere
Tuzlagözü
Sarıkonak
Cevizlik
Baykan
Yanarsu
Sirvan
Özpınar
Siirt
Botan
Aydınlar
Yazlıca
Bağlıca
Bağgöze
Eruh
Alkemer
Küreli Dağı
Fındık
Kızılsu
Cizre Brj.
Haberli
İdil
Cizre
Dicle
Oyalı
'Ain Dīwār
al-Mālikīya
Šil Āġa
Rumailān
Tall Kūšik
Rabī'a
al-Qanāt
Ǧabal
Tall aš-Šaur
TALL 'AFA
'Ain Ġazal
Göksu
Karaçoban
Tall

Van Gölü
VAN
Erciş
Muradiye
Patnos
Adilcevaz
Ahlat
Gevaş
Başkale
Hakkâri
Yüksekova
Uludere
Şırnak
Silopi
Zāḫū
Dahūk
AL-MAUṢIL (MOSUL)
ARBĪL
Šaqlāwa
Kūysanğaq
Maku
Āzarbāyǧān-e Ġarbī
IRĀN
Hakkâri Dağları
Koçkıran Dağı
Erek Dağı
Ala Dağlar
Bendımahi Şalâeşi
Muradiye
Nīnawā (Ninive)
Nimrud
Tappe Gaura
Tall Ḥassūna
Gulmar Kale
Hazine Kapısı
Toprakkale
Anzavurtepe
İshak Paşa Sarayı
Dahūk
Arbīl
IRĀQ

KARTENLEGENDE

Autobahn, mehrspurige Straße - in Bau Highway, multilane divided road - under construction		Autoroute, route à plusieurs voies - en construction Autosnelweg, weg met meer rijstroken - in aanleg
Fernverkehrsstraße - in Bau Trunk road - under construction		Route à grande circulation - en construction Weg voor interlokaal verkeer - in aanleg
Hauptstraße Principal highway		Route principale Hoofdweg
Nebenstraße Secondary road		Route secondaire Overige verharde wegen
Fahrweg, Piste Practicable road, track		Chemin carrossable, piste Weg, piste
Straßennummerierung Road numbering	E20 11 70 26	Numérotage des routes Wegnummering
Entfernungen in Kilometer Distances in kilometers	259 130 129	Distances en kilomètres Afstand in kilometers
Höhe in Meter - Pass Height in meters - Pass	1365	Altitude en mètres - Col Hoogte in meters - Pas
Eisenbahn - Eisenbahnfähre Railway - Railway ferry		Chemin de fer - Ferry-boat Spoorweg - Spoorpont
Autofähre - Schifffahrtslinie Car ferry - Shipping route		Bac autos - Ligne maritime Autoveer - Scheepvaartlijn
Wichtiger internationaler Flughafen - Flughafen Major international airport - Airport		Aéroport importante international - Aéroport Belangrijke internationale luchthaven - Luchthaven
Internationale Grenze - Provinzgrenze International boundary - Province boundary		Frontière internationale - Limite de Province Internationale grens - Provinciale grens
Unbestimmte Grenze Undefined boundary		Frontière d'Etat non définie Rijksgrens onbepaalt
Zeitzonengrenze Time zone boundary	-4h Greenwich Time -3h Greenwich Time	Limite de fuseau horaire Tijdzone-grens
Hauptstadt eines souveränen Staates National capital	STOCKHOLM	Capitale nationale Hoofdstad van een souvereine staat
Hauptstadt eines Bundesstaates Federal capital	Nancy	Capitale d'un état fédéral Hoofdstad van een deelstat
Sperrgebiet Restricted area		Zone interdite Verboden gebied
Nationalpark National park		Parc national Nationaal park
Antikes Baudenkmal Ancient monument		Monuments antiques Antiek monument
Sehenswertes Kulturdenkmal Interesting cultural monument	*Chambord*	Monument culturel intéressant Bezienswaardig cultuurmonument
Sehenswertes Naturdenkmal Interesting natural monument	*Gorges du Tarn*	Monument naturel intéressant Bezienswaardig natuurmonument
Brunnen Well		Puits Bron
Ausflüge & Touren Excursions & tours		Excursions & tours Uitstapjes & tours

REGISTER

Im Register sind alle in diesem Reiseführer erwähnten Orte und Ausflugsziele sowie wichtige Sachbegriffe verzeichnet. Halbfette Seitenzahlen verweisen auf den Haupteintrag, kursive auf ein Foto.

> SCHREIBEN SIE UNS!

Liebe Leserin, lieber Leser,

wir setzen alles daran, Ihnen möglichst aktuelle Informationen mit auf die Reise zu geben. Dennoch schleichen sich manchmal Fehler ein – trotz gründlicher Recherche unserer Autoren/innen. Sie haben sicherlich Verständnis, dass der Verlag dafür keine Haftung übernehmen kann.

Wir freuen uns aber, wenn Sie uns schreiben.

Senden Sie Ihre Post an die
MARCO POLO Redaktion,
MAIRDUMONT, Postfach 31 51,
73751 Ostfildern,
info@marcopolo.de

IMPRESSUM

Titelbild: Basar (Getty Images: Gary Yeowell)
Fotos: Özlem Ahmetoglu (12 o.); Bilderberg: Bossemeyer (83), Drexel (82), Changa Restaurant (15 o.); Corazon/intervista (13 u.); W. Dieterich (Klappe r., 3 l., 45, 46, 47); Fotolia: Norman Pogson (92 M. l.), polartern (92 o. l.); Getty Images: Gary Yeowell (1), R. Hackenberg (Klappe M., 3 r., 4 l., 6/7, 16/17, 18, 22/23, 23, 28, 32, 36, 62, 73, 77, 78/79, 88, 90, 96, 112/113); HB Verlag: Spitta (101); Huber: Huber (94/95), Kaos (70/71), Schmid (30/31); © iStockphoto.com: Stephan Hoerold (93 o. l.), Bulent Ince (92 u. r.), Kameel (93 M. l.), Jeannette Meier (92 M. r.), Tulay Over (93 M. r.); Kadir's Tree Houses (13 o.); Laif: Bungert (29), Hemispheres (80), Kirchgessner (35), Le Figaro Magazine/ Eric Martin (60/61), Schliack (28/29, 52), Tophoven (Klappe l., 2 r., 3 M., 21, 26, 42, 50, 57), Türemis (48/49); La Terra Magica: Lenz (5, 65); Yoray Liberman (14 u.); Maki Hotel (14 o., 15 u.); Mauritius: age (22), Kord (4 r., 39), Lukassek (86/87), Photononstop (67); T. Stankiewicz (8/9, 24/25, 40/41, 98/99); Sumahan Hotel (12 u.); K. Thiele (2 l., 11, 27, 54, 59, 69, 72, 75, 85); Ayla Yildiz (14 M., 93 u.); D. Zaptcioglu/J. Gottschlich (131)

5. (13.), aktualisierte Auflage 2008

Verlegerin: Stephanie Mair-Huydts; Chefredaktion: Michaela Lienemann, Marion Zorn
Autoren: Dilek Zaptcioglu, Jürgen Gottschlich; Redaktion: Jochen Schürmann
Programmbetreuung: Leonie Dlugosch, Nadia Al Kureischi; Bildredaktion: Gabriele Forst, Helge Rösch
Szene/24h: wunder media, München
Kartografie Reiseatlas: © MAIRDUMONT, Ostfildern
Innengestaltung: Zum goldenen Hirschen, Hamburg; Titel/S. 1–3: Factor Product, München
Sprachführer: in Zusammenarbeit mit Ernst Klett Sprachen GmbH, Stuttgart, Redaktion PONS Wörterbücher

Printed in Germany. Gedruckt auf 100% chlorfrei gebleichtem Papier

FÜR IHRE NÄCHSTE REISE

gibt es folgende MARCO POLO Titel:

DEUTSCHLAND
Allgäu
Amrum/Föhr
Bayerischer Wald
Berlin
Bodensee
Chiemgau/Berchtesgadener Land
Dresden/Sächsische Schweiz
Düsseldorf
Eifel
Erzgebirge/Vogtland
Franken
Frankfurt
Hamburg
Harz
Heidelberg
Köln
Lausitz/Spreewald/Zittauer Gebirge
Leipzig
Lüneburger Heide/Wendland
Mark Brandenburg
Mecklenburgische Seenplatte
Mosel
München
Nordseeküste Schleswig-Holstein
Oberbayern
Ostfriesische Inseln
Ostfriesland/Nordseeküste/Niedersachsen/Helgoland
Ostseeküste Mecklenburg-Vorpommern
Ostseeküste Schleswig-Holstein
Pfalz
Potsdam
Rheingau/Wiesbaden
Rügen/Hiddensee/Stralsund
Ruhrgebiet
Schwäbische Alb
Schwarzwald
Stuttgart
Sylt
Thüringen
Usedom
Weimar

ÖSTERREICH | SCHWEIZ
Berner Oberland/Bern
Kärnten
Österreich
Salzburger Land
Schweiz
Tessin
Tirol
Wien
Zürich

FRANKREICH
Bretagne
Burgund
Côte d'Azur/Monaco
Elsass
Frankreich
Französische Atlantikküste
Korsika
Languedoc Roussillon
Loire-Tal
Normandie
Paris
Provence

ITALIEN | MALTA
Apulien
Capri
Dolomiten
Elba/Toskanischer Archipel
Emilia-Romagna
Florenz
Gardasee
Golf von Neapel
Ischia
Italien
Italienische Adria
Italien Nord
Italien Süd
Kalabrien
Ligurien/Cinque Terre
Mailand/Lombardei
Malta/Gozo
Oberital. Seen
Piemont/Turin
Rom
Sardinien
Sizilien/Liparische Inseln
Südtirol
Toskana
Umbrien
Venedig
Venetien/Friaul

SPANIEN | PORTUGAL
Algarve
Andalusien
Barcelona
Baskenland/Bilbao
Costa Blanca
Costa Brava
Costa del Sol/Granada
Fuerteventura
Gran Canaria
Ibiza/Formentera
Jakobsweg/Spanien
La Gomera/El Hierro
Lanzarote
La Palma
Lissabon
Madeira
Madrid
Mallorca
Menorca
Portugal
Spanien
Teneriffa

NORDEUROPA
Bornholm
Dänemark
Finnland
Island
Kopenhagen
Norwegen
Schweden
Südschweden/Stockholm

WESTEUROPA | BENELUX
Amsterdam
Brüssel
Dublin
England
Flandern
Irland
Kanalinseln
London
Luxemburg
Niederlande
Niederländische Küste
Schottland
Südengland

OSTEUROPA
Baltikum
Budapest
Estland
Kaliningrader Gebiet
Lettland
Litauen/Kurische Nehrung
Masurische Seen
Moskau
Plattensee
Polen
Polnische Ostseeküste/Danzig
Prag
Riesengebirge
Rumänien
Russland
Slowakei
St. Petersburg
Tschechien
Ungarn
Warschau

SÜDOSTEUROPA
Bulgarien
Bulgarische Schwarzmeerküste
Kroatische Küste/Dalmatien
Kroatische Küste/Istrien/Kvarner
Montenegro
Slowenien

GRIECHENLAND | TÜRKEI
Athen
Chalkidiki
Griechenland Festland
Griechische Inseln/Ägäis
Istanbul
Korfu
Kos
Kreta
Peloponnes
Rhodos
Samos
Santorin
Türkei
Türkische Südküste
Türkische Westküste
Zakinthos
Zypern

NORDAMERIKA
Alaska
Chicago und die Großen Seen
Florida
Hawaii
Kalifornien
Kanada
Kanada Ost
Kanada West
Las Vegas
Los Angeles
New York
San Francisco
USA
USA Neuengland/Long Island
USA Ost
USA Südstaaten/New Orleans
USA Südwest
USA West
Washington D.C.

MITTEL- UND SÜDAMERIKA
Argentinien
Brasilien
Chile
Costa Rica
Dominikanische Republik
Jamaika
Karibik/Große Antillen
Karibik/Kleine Antillen
Kuba
Mexiko
Peru/Bolivien
Venezuela
Yucatán

AFRIKA | VORDERER ORIENT
Ägypten
Djerba/Südtunesien
Dubai/Vereinigte Arabische Emirate
Israel
Jerusalem
Jordanien
Kapstadt/Wine Lands/Garden Route
Kenia
Marokko
Namibia
Qatar/Bahrain/Kuwait
Rotes Meer/Sinai
Südafrika
Tunesien

ASIEN
Bali/Lombok
Bangkok
China
Hongkong/Macau
Indien
Japan
Ko Samui/Ko Phangan
Malaysia
Nepal
Peking
Philippinen
Phuket
Rajasthan
Shanghai
Singapur
Sri Lanka
Thailand
Tokio
Vietnam

INDISCHER OZEAN | PAZIFIK
Australien
Malediven
Mauritius
Neuseeland
Seychellen
Südsee

> UNSERE INSIDER

Ein Interview mit MARCO POLO Autoren Dilek Zaptcioglu und Jürgen Gottschlich

Dilek Zaptcioglu ist gebürtige İstanbulerin. Jürgen Gottschlich lebt seit acht Jahren in der Stadt am Bosporus.

Was gefällt Ihnen an der Türkei?

Die Gegensätze: Tagtäglich fühlt man die Synthese aus Orient und Okzident. Das macht sich in der türkischen Küche genauso bemerkbar wie in der Musik oder bei der Kleidung. Und natürlich die sprichwörtliche Gastfreundschaft der Türken: In Anatolien ist sie noch ganz lebendig.

Wo leben Sie genau?

Wir leben seit vier Jahren auf der asiatischen Seite İstanbuls. Dort haben wir ein kleines Haus nahe am Bosporus und fühlen uns dort sehr wohl.

Kommen Sie viel im Land herum?

Ja, schon von Berufs wegen. Wir arbeiten als Korrespondenten für verschiedene deutsche Rundfunkanstalten und Zeitungen. Daneben verfassen wir Bücher. Deshalb sind wir beide viel unterwegs. Wir lieben es, im Frühjahr an das Schwarze Meer zu fahren, nach Ağva, das nordöstich von İstanbul liegt. Im Sommer gehe wir gerne im Süden campen oder machen eine Blaue Reise in der Ägäis. Die Türkei ist ein großes Land und es gibt immer neue Orte zu entdecken – selbst wenn man schon viele Jahre im Land lebt.

Was tun Sie in Ihrer Freizeit?

Bei uns lassen sich Arbeit und Freizeit schlecht trennen. Was uns gefällt: In der Türkei kann man gut Sport treiben, von Rafting und Trekking bis hin zu Rad fahren und Schwimmen reicht die Palette. Dilek ist eine leidenschaftliche Anglerin und geht gern an einem der vielen Seen im Inland auf Fang.

Ihr Lieblingsessen der türkischen Küche?

Zur türkischen Küche gehört viel Fisch, den wir am liebsten auf der Terrasse grillen. Wir lieben das frische Obst und Gemüse, das es hier gibt, und es macht uns großen Spaß, auf den Wochenmärkten einzukaufen.

Ihr Fazit: Deutschland oder Türkei?

Beide Länder haben ihren ganz speziellen Charme. Ehrlich: Wir möchten beides nicht mehr missen! Und man hat immer nach dem Ort Sehnsucht, an dem man gerade nicht sein kann.

> BLOSS NICHT!

Verhaltensregeln, die Ihnen Überraschungen ersparen können

Jedes Hilfsangebot annehmen

Sie scheinen vor jedem Museumseingang zu stehen: die Schlepper oder „Piraten“ *(korsan)*, die Sie freundlich irgendwohin einladen oder Ihnen sonstige Hilfe anbieten. Wimmeln Sie die Piraten freundlich, aber sehr bestimmt ab. Trotzdem nicht vergessen: Nicht alle hilfsbereiten Türken sind Schlepper.

Steine und Fossilien einstecken

Die Türkei ist ein großes Openair-Museum, wo Antikes manchmal achtlos am Wegesrand steht. Der türkische Zoll passt bei Ausreisen sehr genau auf, dass kein Kulturgut hinausgeschmuggelt wird. Neben Profischmugglern werden auch arglose Touristen, die einen schönen Stein „eingesteckt“ haben, vors Gericht gebracht und mit hohen Geldstrafen konfrontiert. Also: keine alt aussehenden Steine und Fossilien mitnehmen!

Wild campen

In der Türkei sollten Sie nirgendwo campen, wo es nicht ausdrücklich gestattet ist. Es gibt vielerorts wilde und verwilderte Tiere (Straßenhunde!) – und Sie können nie sicher sein, ob bei einem Biss keine Tollwut übertragen wurde. Der Ärger könnte aber noch größer sein und von Taschendiebstahl bis zur körperlichen Gewalt reichen. Deshalb gilt: immer auf ordentliche Campingplätze gehen!

Überall in Shorts herumlaufen

Restaurants und Gotteshäuser – egal, ob muslimische, christliche, jüdische – betritt man nicht in Shorts und Hemdchen. Vor den großen Moscheen werden Tücher verteilt, mit denen Sie im Bedarfsfall Schultern und Beine bedecken können. Frauen sollten darüber hinaus ihren Kopf verhüllen. Bevor Sie eine Moschee besichtigen, müssen Sie unbedingt die Schuhe ausziehen

Zu viel Haut zeigen

Außerhalb der Touristenzentren sollten Frauen auf sehr freizügige Kleidung verzichten. Nicht weil es gefährlich wäre, sondern weil sie damit rechnen müssen, ständig angestarrt und angesprochen zu werden. Paare sollten sich überall in der Türkei nicht zum öffentlichen Austausch heftiger Zärtlichkeiten hinreißen lassen.

Als ungehöriges Verhalten gilt auch FKK; es ist zudem streng verboten. An vielen Stränden der von Touristen sehr stark frequentierten Südküste – zumal bei den großen Hotels – ist das Sonnen oben ohne aber in den meisten Fällen kein Problem. In türkischen Bädern bedeckt man auch unter seinesgleichen seine Scham. Männer wickeln sich die bereitgestellten Baumwolltücher um die Hüften, Frauen um den Oberkörper. Ansonsten gilt: Fragen beugt Missverständnissen vor.